Franz Froehlich, Hermann Hitzig

Festschrift des philologischen Kränzchens in Zürich

39. Verammlung deutscher Philologen und Schulmänner

Franz Froehlich, Hermann Hitzig

Festschrift des philologischen Kränzchens in Zürich
39. Verammlung deutscher Philologen und Schulmänner

ISBN/EAN: 9783741192623

Hergestellt in Europa, USA, Kanada, Australien, Japan

Cover: Foto ©Thomas Meinert / pixelio.de

Manufactured and distributed by brebook publishing software
(www.brebook.com)

Franz Froehlich, Hermann Hitzig

Festschrift des philologischen Kränzchens in Zürich

Festschrift

des

Philologischen Kränzchens in Zürich

zu der

in Zürich im Herbst 1887 tagenden

XXXIX. Versammlung deutscher Philologen und Schulmänner.

~~~~~~~~~~

Inhalt:

I.

Dr. Franz Fröhlich, Professor am Gymnasium in Aarau:

Realistisches und Stilistisches zu Cäsar und dessen Fortsetzern.

II.

Dr. Hermann Hitzig, Professor an der Universität in Zürich:

Zur Pausaniasfrage.

~~~~~~~~~~

Gedruckt

auf Kosten der zürcher. Buchhandlungen C. M. Ebell, H. Ernst, S. Höhr, Meyer & Zeller,
Albert Müller (Nachf. von Orell Füssli & Cⁿ, Sort.), Rudolphi & Klemm,
F. Schulthess und der Buchdruckerei Zürcher & Furrer.

—⊶— +⊣⟩+⊢ —⊷—

Zürich.
Officin F. Schulthess.
1887.

Festschrift

des

Philologischen Kränzchens in Zürich

zu der

in Zürich im Herbst 1887 tagenden

XXXIX. Versammlung deutscher Philologen und Schulmänner.

Realistisches und Stilistisches

zu

Cäsar und dessen Fortsetzern

von

Dr. Franz Fröhlich,

Professor an der Kantonsschule in Aarau.

— ·•·· ——

I. Intervallen- und Treffen-System Cäsars.

Über das Intervallen- und Treffensystem Cäsars ist folgende Ansicht allgemein verbreitet: Das erste Treffen stellte sich mit Intervallen auf, die der Front einer Kohorte entsprachen und kämpfte auch mit diesen Intervallen, in welche im gegebenen Moment die taktischen Einheiten des zweiten Treffens einrückten.

Es ist das unbestreitbare Verdienst Delbrücks — dem ich allerdings in vielen anderen Punkten nicht zu folgen vermag — das Kämpfen mit Beibehaltung der Intervallen für die Zeit der Manipularlegion als eine Unmöglichkeit zurückgewiesen zu haben [1]. Eine solche Gefechtstaktik hätte eine sofortige Zersprengung der römischen Schlachtordnung zur Folge gehabt. Was aber für die Manipularlegion eine Unmöglichkeit war, musste es auch für die Kohortenlegion sein.

Der Kampf mit Intervallen muss also künftighin aus den Handbüchern gestrichen werden. Stellten sich aber überhaupt die Kohorten mit Intervallen auf und waren solche absolut notwendig behufs Ablösung oder Verstärkung des ersten Treffens?

Rüstow bringt folgende Beweise für eine regelmässige Aufstellung der Kohorten mit Intervallen [2]:

1) Cäsar erwähnt des Intervalls zwischen zwei Kohorten einmal ausdrücklich.
2) Cäsar bedient sich für die Entwickelung der Legion aus der Marschordnung in Gefechtsstellung des Ausdrucks: die Kohorten auseinanderstellen (cohortes disponere).
3) Cäsar betrachtet es immer als einen Übelstand, wenn die Kohorten durch den Gang des Gefechts auf einen Haufen zusammengedrängt werden (signisque in unum locum collatis ... confertos milites sibi ipsos ad pugnam esse impedimento).

Diese Beweise Rüstows sind nicht stichhaltig. Im ersten Fall ist die von Cäsar geschilderte Situation folgende: Die

Britannier brechen plötzlich aus den Wäldern gegen die mit der Lagerbefestigung beschäftigten Römer hervor und greifen die auf Wache vor dem Lager Stehenden heftig an. Cäsar schickt zwei Kohorten, und zwar die ersten von zwei Legionen, zu Hilfe und diese stellen sich in geringem Abstand von einander auf. Die Britannier aber brechen verwegen zwischen ihnen durch und ziehen sich ohne Verlust zurück[3]. — Die nähere Bestimmung „qui erant in statione pro castris collocati" zeigt, dass die Wachtkohorte vor dem den Britanniern zugekehrten Thor des Lagers angegriffen wird. Die zwei zu Hilfe geschickten Kohorten konnten also schwerlich aus dem bedrohten und von den Verteidigern versperrten Thor ausmarschieren; es war das auch schon deshalb unmöglich, weil sie nicht die Angegriffenen direkt unterstützten, sondern von Cäsar, wie der Ausgang des Kampfes zeigt, auf die Rückzugslinie der Britannier geworfen wurden, also, zunächst ungesehen vom Feind, eine Umgehung vornahmen. Ohne Zweifel sandte Cäsar, da Gefahr im Verzuge lag, zwei Kohorten, welche im Gegensatz zu den mit der Lagerbefestigung Beschäftigten unter Waffen standen; schlagfertig waren aber, wenn man sich, wie in diesem Fall, von Seiten des Feindes nichts Böses versah, in der Regel nur die vor den Thoren auf Wache stehenden Kohorten; selbstverständlich mussten sie nach ihrem Abmarsch durch andere inzwischen schlagfertig gemachte Truppen ersetzt werden. Als die zwei von verschiedenen Thoren kommenden Kohorten nach Umgehung des im Kampfe begriffenen Feindes sich einander näherten, machten sie Halt, offenbar, um die Dispositionen zum weiteren Vorgehen zu treffen. Allein bevor ein Entschluss gefasst oder derselbe ausgeführt werden konnte, warfen sich die um ihren Rückzug besorgten Britannier auf sie und brachen mitten zwischen ihnen durch. — Aus diesem entschieden nur zufälligen Intervall zwischen zwei Kohorten auf ein reglementarisches schliessen zu wollen, wie Rüstow gethan hat, ist unzulässig. In andern Fällen muss er selbst zugeben, dass von einer Aufstellung mit Intervallen nicht die Rede sein kann[4]. Übrigens erwähnt Cäsar auch nie mit einem Wort in seinen Angaben über die Aufstellung der Truppen zur Feldschlacht Intervallen zwischen den einzelnen Kohorten; eine einzige Erwähnung solcher in einer regelrechten Schlacht wäre entscheidend; die zufällige Intervalle aber in einem improvisierten Gefecht kann nicht als Beweis für die Regel gelten.

Das „disponere cohortes" ist von Rüstow ganz falsch interpretiert worden. Als die lange Marschkolonne des Sabinus und Cotta in eine Thalmulde sich hinabgesenkt hatte, erschienen die Eburonen plötzlich auf beiden Rändern des Thales und griffen gleichzeitig auch die Vorhut und die Nachhut an[1]. Infolgedessen mussten die Kohorten nach vier verschiedenen Seiten hin Front machen. Nun liegt auf der Hand, dass der Terminus „disponere cohortes"[a] hier dieses Anstellen der Kohorten nach verschiedenen Richtungen bezeichnet, unter keinen Umständen aber ein Aufstellen mit Intervallen, welche wohl nie schlechter angebracht gewesen wären, als in diesem Fall. Wenn Rüstow mit „disponere" argumentieren wollte, so hätte er eher folgende Stelle aus Cäsars Bericht über die Schlacht bei Pharsalus citieren müssen: „Sed Pompeius suis praedixerat, ut Caesaris impetum exciperent neve se loco moverent aciemque eius distrahi paterentur; idque admonitu C. Triarii fecisse dicebatur, ut primus excursus visque militum infringeretur aciesque distenderetur atque in suis ordinibus *dispositi* dispersos adorirentur"[2]. Aber auch hier hat das „dispositi" absolut nichts mit den Intervallen zwischen den einzelnen Kohorten zu thun, sondern es bezeichnet lediglich in Verbindung mit „in suis ordinibus" die geordnete Aufstellung der Pompejaner mit dem reglementarischen Abstand jedes einzelnen Mannes vom anderen im Gegensatz zu den durch den Anlauf etwas auseinandergekommenen (dispersos) Cäsarianern.

Das „signa conferre in unum locum" bezeichnet nie das Aufgeben der Intervallen zwischen den Kohorten. Cäsar braucht diesen Terminus, wie eine unbefangene Prüfung der unten citierten Stellen ergiebt, nur, um das Massieren der Truppen zu charakterisieren, wenn sie infolge eines unglücklichen Gefechts zur Defensive genötigt werden[b]. Nicht die Intervallen der Kohorten werden hiebei aufgegeben, sondern die zum Offensivgefecht erforderlichen Rotten- und Glieder-Abstände; dadurch kommen auch die Feldzeichen näher zu einander zu stehen; schliesslich hindert auch nichts, das „in unum locum" wörtlich zu verstehen. Die natürliche Folge dieses Zusammendrängens ist eine Beeinträchtigung der Beweglichkeit des einzelnen Mannes, unter ganz ungünstigen Umständen sogar eine Auflösung der Ordnung des ganzen Truppenkörpers. Wir begreifen vollkommen, dass Cäsar das „signa conferre in unum locum" als einen Übelstand betrachtete, wie seiner Natur überhaupt jede Defensive als ein solcher vorkommen musste.

Soweit die direkte Widerlegung Rüstows. Der Hauptbeweis
für die Nichtexistenz der Kohortenintervallen soll aber erst noch
erbracht werden. Die Intervallen zwischen den einzelnen Manipeln
in der Aufstellung der Manipularlegion zur Feldschlacht werden
sehr oft erwähnt[9]. Wie kommt es, dass, abgesehen von dem oben
besprochenen zufälligen Zwischenraum zwischen zwei Kohorten,
welcher überdies nicht einmal als „intervallum“ bezeichnet wird
(perexiguo intermisso loci spatio), kein Historiker und Militär-
schriftsteller Intervallen zwischen den taktischen Einheiten der
Kohortenlegion kennt, die doch entschieden, wenn sie vorhanden
gewesen wären, als nicht minder wichtig wie diejenigen der Manipularlegion, ausdrücklich hätten hervorgehoben werden müssen?

Die „velites“ bildeten einen integrierenden Bestandteil der
Manipularlegion. Eine richtige Verwendung derselben war nur
möglich, wenn sie mit Leichtigkeit zwischen den Manipeln der
Schwerbewaffneten vorgehen und sich wieder zurückziehen konnten
und nicht, wie zur Zeit der Phalanx, den Umweg um die Flanken
sämtlicher Schwerbewaffneten herum machen mussten. Dieses
Vor- und Zurückgehen der „velites“ durch die Manipelintervallen
wird denn auch zur Genüge bezeugt[10]. Die „velites“ boten aber
zugleich auch den Feldherren das Material zur Festsetzung der
Grösse der Intervallen, indem ihre Abteilungen zwischen den
einzelnen Manipeln des ersten Treffens eingeschoben wurden.
Zur Zeit der älteren Manipularlegion scheinen diese Intervallen
noch verhältnismässig klein gewesen zu sein, da nach Livius
jedem Manipel der „hastati“ nur 20 Leichtbewaffnete beigegeben
waren[11], während das Gros immer noch hinter den Triariern
seine Stellung hatte[12]; in der Schlacht bei Zama aber finden
wir bereits Intervallen, die der Front eines Manipels entsprachen,
da sämtliche „velites“ im ersten Treffen standen in Abteilungen,
welche an Stärke je einem Manipel der „hastati“ gleichkamen[13].

Die Kohortenlegion hat keine ihren taktischen Einheiten
ständig beigegebenen Leichtbewaffneten; sie braucht somit keine
Intervallen, um sie ausschwärmen und zurückgehen zu lassen,
besitzt aber auch kein Mittel, um die Intervallen zwischen den
Kohorten, wie früher zwischen den Manipeln, fixieren zu können.
Denn kein Verteidiger der Kohortenintervallen wird behaupten
wollen, die Kohorten des ersten Treffens seien so geschickt gewesen in ihrem Aufmarsch, dass sie durch blosses Distanzen-
schätzen jeweilen gerade den für das spätere Einrücken des

zweiten Treffens notwendigen Abstand zwischen sich offen liessen.

Ich muss mich auf den Einwand gefasst machen, dass Cäsar, wenn auch keine zum Bestand jeder Legion gehörende „velites", so doch andere dem Heere als solchem beigegebene Leichtbewaffnete hatte, welche er zur Markierung der Intervallen des ersten Treffens verwenden konnte. Eine genaue Prüfung seiner Schlachtberichte entscheidet aber auch hier zu unseren Gunsten. Bei Bibracte stellte Cäsar sämtliche „auxilia" mit zwei neuausgehobenen Legionen hinten auf dem Kamm der Höhe auf, die vier Veteranenlegionen aber vorn in der Mitte des Abhangs[14]. Gegen Ariovist standen sämtliche „alarii" vor dem kleineren Lager und beschäftigten so wenigstens einen Teil der Germanen[15]. Bei beiden Expeditionen nach Britannien werden mit keinem Wort Hilfsvölker zu Fuss erwähnt, obschon sie mit ihren Fernwaffen und ihrer Taktik sehr gute Dienste gegen die Wagenkämpfer hätten leisten können; Cäsar nahm nur Legionen und Reiter mit[16]. Ebenso setzte er nur mit Legionen und Reiterei nach Griechenland über[17]; was er dort an Leichtbewaffneten organisierte, kann nur unbedeutend gewesen sein; er selbst erwähnt nur einmal gelegentlich in einem Treffen bei Dyrrhachium die „funditores"[18]. Bei Ruspina verfügte Cäsar über 30 Kohorten Legionssoldaten und nur 150 Bogenschützen, welche selbstverständlich nicht zur Ausfüllung der Intervallen genügt hätten, übrigens auch, wie der Verfasser des bellum Africanum ausdrücklich bemerkt, vor der Schlachtordnung aufgestellt wurden[19]. In der Schlacht bei Thapsus finden wir die „funditores" und „sagittarii" auf den Flügeln, die „levis armatura" zwischen den Reitern aufgestellt[20].

Dieses Einschieben (intericere-interponere) von Leichtbewaffneten zwischen die taktischen Einheiten der Reiterei wird oft erwähnt[21], nie aber ein solches zwischen diejenigen der Legionen. Die zwei Beispiele, welche hiefür ins Feld geführt werden könnten und von den Herausgebern meist falsch interpretiert werden, beweisen etwas ganz anderes. Wenn Crassus im aquitanischen Feldzug eine „duplex acies" aufstellte „auxiliis in mediam aciem coniectis"[22], und es von Cäsars Schlachtordnung gegen Afranius heisst „sagittarii funditoresque media continebantur acie"[23], so besagt in beiden Stellen „media acies", wie in der Schilderung der Schlacht bei Pharsalus[24], und überhaupt bei allen Schrift-

stellern, nichts anderes als = Centrum. Im ersten Fall wird
also das Centrum, weil die Flügel, zumal der rechte, entscheiden, geradezu durch die „auxilia" gebildet nach Analogie der
Anfstellung des älteren Scipio bei Bæcula[13]. Die zweite Stelle
kann nur so erklärt werden, dass die Bogenschützen und Schleuderer im Centrum ihren Platz fanden; ob in besonderen Legionsintervallen in der Front oder zwischen den einzelnen Treffen
lässt sich nicht bestimmen. Übrigens interpretiere man „media
acies", wie man wolle, so viel ist sicher, dass beide Stellen absolut nichts für Kohortenintervallen beweisen.

Was sonst noch ans anderen Schriftstellern zu Gunsten der
durch die Leichtbewaffneten gebildeten Kohortenintervallen beigebracht werden kann, lässt sich nicht halten. Bei Onosander
lesen wir: ἔστω δὲ διαστήματα κατὰ τὰς τάξεις, ἵν᾽, ἐπειδὰν ἐκτινάσσωσιν ἔτι προαγόντων τῶν πολεμίων τὰ βέλη, πρὶν εἰς χεῖρας
ἐλθεῖν τὰς φάλαγγας, ἐπιστρέψαντες ἐν κόσμῳ διεξίωσι μέσην τὴν
φάλαγγα καὶ ἀταράχως ἐπὶ τὴν οὐραγίαν ἀποκομισθῶσιν[16]. Der
Strategikos Onosanders ist allerdings zu Anfang der Kaiserzeit
verfasst, basiert aber, wie sich leicht nachweisen lässt, namentlich auf den Erfahrungen der römischen Feldherren der Republik
zur Zeit der Manipularlegion. Überdies ist der Terminus τάξεις
hier ein so vager, dass man nicht weiss, ob darunter Centurien,
Manipel, Kohorten oder gar Legionen verstanden sind. Ebenso
unbestimmt lautet eine Stelle Plutarchs aus der Lebensbeschreibung des Antonius: ἄρτι δὲ αὐτοῦ καθιστάντος εἰς τάξιν τὰ ὅπλα
καὶ δι᾽ αὐτῶν τοῖς ἀκοντισταῖς καὶ σφενδονήταις ἐκδρομὴν ἐπὶ τοὺς
πολεμίους παρασκευάζοντος[17]. Τὰ ὅπλα = ὁπλῖται bezeichnet einfach die Legionen als solche, ohne Erwähnung ihrer taktischen
Einheiten. Auch Frontin spricht nicht von Kohortenintervallen:
triplicem deinde peditum aciem ordinavit relictis intervallis per
(= vermittelst) levem armaturam et equitem, quem in novissimo
conlocaverat, ut, cum res exeglsset, emitteret[18]. Der Umstand,
dass nicht nur die „levis armatura", sondern auch die Reiterei
diese Intervallen passieren muss, lässt eher auf breite Legionsintervallen schliessen, wie sie zu ähnlichem Zweck schon zur
Zeit der Manipularlegion vorkamen[19].

Legionsintervallen lassen sich für die Zeit Cäsars nicht mit
absoluter Sicherheit nachweisen, sind aber auf jeden Fall notwendiger und infolge dessen auch wahrscheinlicher als Kohortenintervallen. In dem unglücklichen Kampf bei Nicopolis lässt der

Verfasser des bellum Alexandrinum den Domitius sein erstes
Treffen gegen Pharnaces folgendermassen anstellen: XXXVI.
legionem in dextro cornu collocavit, Ponticam in sinistro, Deio-
tari legiones in mediam aciem contulit, quibus tamen angustissi-
mum intervallum frontis reliquit [20]. Das Relativum „quibus" kann
grammatikalisch entweder nur auf die Legionen des Deiotarus
bezogen werden oder zugleich auf die beiden anderen. Im ersten
Fall liefert die Stelle einen direkten Beweis für ständige Legionsintervallen, welche in der betreffenden Schlacht nur enger waren
als gewöhnlich; im zweiten Fall ist das ständige Intervallum
zwischen Centrum und Flügeln gemeint, welches besonders auch
durch eine Stelle Appians bestätigt wird: τοὺς μὲν Ἰταλοὺς
ἑκάτερος αὐτῶν ἐς τρία διαιρῶν ἐπὶ μετώπου μικρὸν ἀλλήλων διεσ-
τῶτας [21].

Von allen Intervallen lassen sich also zur Zeit der Kohortenlegion quellenmässig für die Feldschlacht ganz sicher nur diejenigen zwischen „media acies" und „cornua" konstatieren.

Dem Princip der Aufstellung genügender Reserven, welches
schon in den „principes" und „triarii" der Manipularlegion seinen
Ausdruck gefunden hatte, blieben die Römer auch zur Zeit der
Kohortenstellung treu. Cäsar bedauert es genug, dass in der
Nervierschlacht Zeit und Umstände und Terrain die Aufstellung
von Reserven an bestimmten Orten und mit bestimmten Anwei-
sungen nicht gestatteten [22]. Neu ist in der Kohortenlegion der
Wechsel in der Zahl der Treffen; es wird derselbe durch die
Stärke der Feinde und der eigenen verfügbaren Truppen bedingt.
Wir finden diesen Grund deutlich ausgesprochen vom Verfasser
des bellum Africanum, welcher die „simplex acies" Cäsars im
Treffen bei Ruspina mit Recht auf die geringe Zahl der Cäsarianer
zurückführt [23].

In der Kontroverse zwischen Rüstow und Göler über die
Interpretation von „acies simplex, duplex, triplex und quadruplex"
habe ich schon früher entschieden Stellung genommen [24]. Eine
gewissenhafte Prüfung sämtlicher Stellen ergiebt, dass obige
Termini nur von der Aufstellung so und so vieler Treffen hintereinander, nicht so und so vieler Corps nebeneinander verstanden
werden können. Die Stellen des Frontin, welche auf den ersten
Blick für Göler gegen Rüstow zu sprechen scheinen, entscheiden
bei einer Untersuchung des Sprachgebrauchs dieses Autors die
Frage zu Gunsten Rüstows [25].

Am seltensten kam die „acies simplex" zur Anwendung,
d. h. immer nur dann, wenn die Not dazu zwang. So sah sich
Cäsar bei Ruspina in die unangenehme Lage versetzt, seine 30
Kohorten in einem Treffen ohne Reserven aufstellen zu müssen,
um durch die feindlichen Kavalleriemassen nicht überflügelt zu
werden [38]. Auch die „acies duplex" wurde mehr oder weniger vom
Feinde diktiert, indem die Stärke desselben nicht selten zwang,
behufs Erzielung einer gewissen Ausdehnung der Front auf eine
zweite Reserve Verzicht zu leisten. Im aquitanischen Krieg
musste P. Crassus in Anbetracht der Übermacht der Feinde sich
mit einer Reserve begnügen [37].

Das Ideal der römischen Feldherren war die „acies triplex",
welche unter besonderen Umständen sogar zu einer „acies quadruplex" erweitert wurde. Cäsar selbst verfügte nie über so viele
Truppen, dass er ein der Länge der ganzen Front entspre-
chendes viertes Treffen aufstellen konnte, während sein Gegner
Scipio im afrikanischen Feldzug sich diesen Luxus erlauben
durfte [38]; bei Pharsalus und Thapsus finden wir immer nur besonders bedrohte Stellen der Schlachtordnung durch eine dritte
Reserve gedeckt [39].

Der technische Ausdruck für sämtliche Reserven ist „subsidia". Cäsar selbst spricht von „subsidiariæ cohortes" seines
zweiten Treffens [40] und von den „alariæ cohortes" des Afranius,
welche „in subsidiis" hinter dem zweiten Treffen der Legionen
ein drittes bildeten [41]. Im bellum Alexandrinum werden alle drei
Treffen, welche mit Intervallen zwischen den Flügeln und dem
Centrum der kontinuierlichen „simplex acies" des Pharnaces zur
Unterstützung dienten, „subsidia" genannt [42].

Das Hauptinteresse konzentriert sich auf das zweite und
dritte Treffen; denn die Verwendung des ersten und vierten liegt
für uns ganz klar: die Bestimmung des ersteren ist eine selbst-
verständliche; letzteres wird in der Regel nur für ganz bestimmte
Eventualitäten gebildet, so z. B. bei Pharsalus zur Verhütung
der von Cäsar vorausgesehenen Umgehung durch die zahlreiche
Reiterei des Pompejus [43]; die Art und der Ort der Verwendung
waren dieser dritten Reserve von vornherein vorgezeichnet.

Am meisten lassen uns die Quellen im Stich in betreff der
Verwendung der „secunda acies". In zwei Kampfesschilderungen
Cäsars vernehmen wir vom dritten und vierten Treffen etwas,
aber nichts vom zweiten. Als in der Schlacht gegen Ariovist das

Handgemeng begonnen hatte und der linke römische Flügel ins
Gedränge geraten war, schickte P. Crassus, welcher als Befehls-
haber der Reiterei einen Überblick über den Gesamtverlauf des
Kampfes hatte, die „tertia acies" zu Hilfe [44]. Bei Pharsalus hielt
die Infanterie des Pompejus den Ansturm der Legionen Cäsars,
also zunächst natürlich des ersten Treffens, wacker aus [45]; als
das vierte Treffen nach Besiegung der Reiterei des Pompejus
eine Umgehung vornahm, liess Cäsar gleichzeitig auch sein drittes
Treffen vorgehen, welches bis dahin ruhig seine Stellung behauptet hatte; so wurde die ermüdete Mannschaft von frischen
Reserven abgelöst und der Feind erschüttert [46]. Der „secunda
acies" wird beide Male mit keiner Silbe Erwähnung gethan;
dass die „prima acies" nicht speciell genannt zu werden braucht,
liegt auf der Hand, weil sie selbstverständlich zuerst an den
Feind gerät.

Aus diesem Stillschweigen geht hervor, dass in der „triplex"
resp. „quadruplex acies" das zweite Treffen immer eine und dieselbe ganz unabänderliche Bestimmung hatte, welche für die
Römer so selbstverständlich war, dass ihre Historiker und Militär-
schriftsteller sie oft nicht einmal erwähnten. Eine Andeutung
finden wir in der Schlacht bei Bibracte: als die Bojer und Tu-
linger die siegreich vordringenden Römer in der offenen Flanke
angriffen, wandte sich das dritte Treffen gegen die neuen Feinde,
während das erste und zweite die nun auch wieder vorrückende
Hauptmacht der Helvetier empfingen [47].

Diese Stelle deutet an, dass in der „triplex" resp. „quadruplex acies" das zweite Treffen immer zur direkten Unterstützung
des ersten bestimmt war; in der „duplex acies" konnte natürlich
das zweite Treffen auch anderweitig verwendet werden, d. h. es
konnten ihm auch die sonst dem dritten oder vierten zukommen-
den Funktionen übertragen werden.

Die Unterstützung des ersten Treffens konnte auf zwei Arten
geschehen: entweder durch Ablösung desselben oder durch Verstärkung. Beide Arten sind quellenmässig beglaubigt. Für die
erstere bietet Cäsar selbst Beispiele. So lesen wir in der Schilderung des Kampfes unter den Mauern Ilerdas von Seiten des
Afranius: „ex castris cohortes per oppidum crebro summitteban-
tur, ut integri defessis succederent" [48] und von Seiten Cäsars:
„hoc idem Caesar facere cogebatur, ut summissis in eundem locum
cohortibus defessos reciperet" [49]. Es ist hier allerdings nicht von

einer grossen Feldschlacht mit ausgedehnter Front [16] und vor-
bedachter Treffenaufstellung die Rede; allein die zuerst in Kampf
geratenen, sowie die ihnen zunächst zu Hilfe geschickten Kohorten
sind in Wirklichkeit eben doch nichts anderes, als ein erstes und
zweites Treffen. Dass unter den „defessi" nicht nur einzelne
Kämpfer verstanden sind, sondern die ganze Truppe, zeigt die
analoge Ablösung der „defessi" durch das ganze dritte Treffen
in der Schlacht bei Pharsalus [17]. Das Ablösen der Einzelnen
hätte, da naturgemäss beim Einen die Ermüdung früher als beim
Andern eintreten musste, ein beständiges Vor- und Rückgehen,
also geradezu eine Auflösung der taktischen Einheiten und Ver-
unmöglichung jeder Gefechtsordnung zur Folge gehabt.

Über die zweite Art der Unterstützung des ersten Treffens,
die Verstärkung, giebt uns nicht Cäsar selbst, sondern eine von
mir zuerst herbeigezogene Stelle aus den Fragmenten der Histo-
rien des Sallust Aufschluss. Wir lesen dort: „ille festinat subsidiis principes angere et densere frontem" [18]. Die Termini „principes" [19], „principia" [20] und „frons" [21] sind alle identisch mit
„prima acies". Unter den „subsidia" kann also hier nur die
„secunda acies" verstanden sein.

Es giebt nur zwei Möglichkeiten der Verstärkung des ersten
Treffens. Entweder wird das zweite Treffen links und rechts
hinter dem ersten weggeführt, verlängert also zunächst dessen
Front und flankiert alsdann den Feind, ein Manöver, welches an
und für sich nicht schwer auszuführen ist und sich auch aus der
Zeit der Manipularlegion belegen lässt [22]. Diese Möglichkeit ist
in der obigen Stelle Sallusts ausgeschlossen; denn in derselben
wird nur von einer Verdichtung, nicht aber von einer Verlänge-
rung der ursprünglichen Heeresfront gesprochen. Oder es wird
das zweite Treffen direkt nach vorn in das erste hineingeführt
und dann entsteht eben die Verdichtung der Front, von welcher
Sallust spricht.

Nachdem wir die Unterstützung des ersten Treffens durch
das zweite vermittelst Ablösung sowohl als Verstärkung konstatiert haben, drängt sich uns die Frage auf, in welcher Weise
die Römer in beiden Fällen vorgingen.

In betreff der Ablösung giebt uns das oben besprochene
Gefecht vor Ilerda Wegweisung. Cäsar sagt: Das Plateau war
zu beiden Seiten so abschüssig und nur so breit, dass drei Kohorten in Schlachtordnung den Raum ausfüllten und daher wed e r

von den Flanken her Reserven nachgeführt, noch durch Reiterei die Bedrängten unterstützt werden konnten[17]. Durch Nachsenden der „subsidia" von den Flanken her hätte also Cäsar am liebsten die Ablösung vorgenommen; es scheint somit dieses Vorgehen das gewöhnliche gewesen zu sein. In diesem speciellen Fall ist das „a lateribus" ausserordentlich klar: es kann sich nur um ein Vorführen der Reserven rechts und links von den 3 in Aktion befindlichen Kohorten handeln. Viel schwieriger gestaltet sich die Frage nach der Bedeutung der „latera" bei einem ganzen Heer. Sind dann die äussersten Flanken der ganzen Heeresaufstellung, oder die Flanken zwischen Centrum und Flügeln, oder endlich die der einzelnen Legionen gemeint? Da von sämtlichen Intervallen diejenigen zwischen Centrum und Flügeln am besten beglaubigt sind, liegt der Gedanke an eine Ablösung vermittelst dieser am nächsten, obschon auch die beiden anderen Möglichkeiten, namentlich die letzte, nicht ausgeschlossen sind. Mit Sicherheit lässt sich die Frage nicht beantworten.

Da Cäsar vor Ilerda des Terrains wegen die Ablösung von den Flanken her nicht vornehmen konnte, musste er sich anders behelfen. Der Modus war zunächst der nämliche, wie bei der Verstärkung des ersten Treffens mit Verdichtung der Front, in welchem Fall die Reserven auch nur direkt nach vorn, nicht auf die Flanken hin geführt werden konnten.

Die militärische Ordnung erfordert unumgänglich, dass beim direkten Vorführen von Reserven ins erste Treffen die taktischen Einheiten, also die Kohorten, gewahrt bleiben. Von einem Durchziehen der einzelnen Soldaten des zweiten Treffens durch die Rotten des ersten Treffens kann keine Rede sein. Vielmehr kann nur eine Kohorte des zweiten Treffens zwischen zwei Kohorten des ersten Treffens hineingeführt werden. Eine Andeutung dieses Modus liegt in der von Cäsar beschriebenen Art der Aufstellung der Kohorten einer Legion in der „triplex acies", wonach auf 4 Kohorten in der „prima acies" 3 in der „secunda" folgen[18].

Nachdem wir die Annahme von Kohortenintervallen als nicht begründet zurückgewiesen haben, lässt sich dieses Manöver nur auf folgende Art erklären.

Nach der wohlbegründeten Ansicht R. Schneiders[19] standen die Römer im Kampf gewöhnlich mit einem Rottenabstand von wenigstens 3 Fuss, den Mann selbst eingerechnet, d. h. zwischen je 2 Nebenmännern war eine Lücke von Mannsbreite. Ebenso gross war der Abstand vom Vordermann zum Hintermann. Vegetius deutet mit seinen Worten: „in mille passibus mille sescenti sexaginta sex pedites ordinantur in longum, ut nec acies interluceat et spatium sit arma tractandi **" an, dass in der Frontstellung die Glieder so hinter einander aufgestellt wurden, dass jeder Mann des zweiten Gliedes die Lücken des ersten deckte, dass also eigentliche Hintermänner des ersten Gliedes die Mannschaften des dritten wurden. So erhielt jeder Legionar genügend Raum zur Handhabung von Schild und Schwert, sowie auch zum Werfen des „pilum", da vor und hinter ihm 6 Fuss frei waren.

Wenn nun ein Vorführen der Kohorten des zweiten Treffens ins erste notwendig wurde, so genügte das Schliessen der Lücke zwischen je 2 Nebenmännern, d. h. ein Schritt rechts oder links, am ehesten wohl eine gleichzeitige Bewegung von beiden Flügeln jeder Kohorte nach ihrem Centrum hin, um zwischen zwei Kohorten des ersten Treffens Raum für eine neue zu schaffen, welche natürlich auch in geschlossener Stellung einrückte.

Bei der Ablösung zogen sich sehr wahrscheinlich gleichzeitig mit dem Einrücken der frischen Kohorten diejenigen, welche bisher gekämpft hatten, Front gegen den Feind machend zurück; in dem Moment, da die letzten Glieder beider Abteilungen neben einander vorbeimarschiert waren, dehnten sich die Vorrückenden aus, um den Kampf mit offener Stellung aufzunehmen. Dass diese Art der Ablösung nicht die gewöhnliche war, ist bereits bemerkt worden.

Viel häufiger fand ohne Zweifel die Verstärkung des ersten Treffens durch Einführen der Kohorten des zweiten statt, in welchem Fall natürlich von den beiden vereinigten Abteilungen zunächst in geschlossener Stellung weiter gekämpft wurde. Dass eine solche Kampfesstellung nicht das Ideal der römischen Feldherren war, namentlich nicht Cäsars, ist begreiflich; sie ist immer das Resultat einer Notlage, und um eine solche handelte es sich gewiss auch in dem Kampf, dessen Schilderung das Fragment Sallusts entnommen ist, welches uns zu der obigen Interpretation zwingt.

Die geschlossene Stellung konnte natürlich jederzeit von jeder Truppe und jedem Treffen auch ohne das Vorführen von Reserven gebildet werden, so z. B. durch das oben besprochene „signa conferre in unum locum", womit bei Cäsar immer „conferti" verbunden ist **. Ohne Zweifel wurde in beiden Fällen nicht nur der Rottenabstand aufgegeben, sondern auch der Gliederabstand durch Aufschliessen verringert. Die geschlossene Stellung ist also nichts anderes, als eine Art Phalanx. Vom Wurf des „pilum" musste dann selbstverständlich ganz abstrahiert werden; nur der Stich hinter dem eng an den Leib gepressten Schild hervor war am Platz, und bekanntlich waren die Römer auch mehr auf diesen als auf den Hieb eingeübt[41]. Auf die geschlossene Stellung beziehen sich bei Livius die Termini: densare ordines[42], comprimere ordines[43], densatis scutis tela excipere[44].

Aus der geschlossenen Stellung konnte jederzeit, insofern der Mut und der Raum dazu vorhanden war, die offene wieder hergestellt werden. Cäsar nennt in der Schilderung der Nervierschlacht dieses Manöver „laxare manipulos"[45].

An die Präcision des Exercierplatzes ist bei der Formierung der geschlossenen und der Wiederherstellung der offenen Stellung während des Kampfes nicht zu denken; entscheidend war die Raschheit der Bewegung. Wer übrigens an der Möglichkeit des Übergangs von der einen Stellung zur anderen während des Kampfes zweifeln sollte, den verweise ich auf die vorhin erwähnte Nervierschlacht: das „laxare manipulos" wird im gefährlichsten Gefechtsmoment vollzogen. In der nämlichen Schlacht erhielt die VII. Legion, die der XII. am nächsten stand und ebenso, wie diese, vom Feind bedrängt wurde, von Cäsar den Befehl, während des Kampfes sich allmählich zu nähern; sie hatte also eine ähnliche Seitwärtsbewegung vorzunehmen, wie sie beim Aufgeben und Wiederherstellen des Rottenabstandes vorkommen musste[46]. Endlich mache ich auf das Gefecht bei Ruspina aufmerksam, in welchem ebenfalls im kritischen Moment Cäsar seine „simplex acies" möglichst sich ausdehnen liess[47], um nicht von der feindlichen Übermacht eingeschlossen zu werden; also auch hier finden wir diese Expansion von einem Centrum aus nach den Flügeln hin. Dass auch noch schwierigere Manöver als die genannten während des Kampfes möglich waren, zeigt das nämliche Treffen bei Ruspina: Cäsar begnügte sich nicht mit der soeben angedeuteten Ausdehnung seiner Schlachtlinie, sondern liess auch noch jede zweite Kohorte kehrt machen, um im Rücken, der bereits vom Feinde bedroht wurde, gedeckt zu sein[48].

Eine Verstärkung der „prima acies" durch direktes Einführen neuer taktischer Einheiten von hinten war nur von Seiten der „secunda acies" möglich; für das dritte Treffen konnte selbstverständlich auf solche Art kein Raum mehr geschaffen werden. Seine Aufgabe kann somit nur im Vorgehen auf den Flanken bestanden haben, wobei wir allerdings wieder den Begriff „Flanke" nicht mit der wünschenswerten Sicherheit präcisieren können. Dass diese zweite und in der Regel auch letzte Reserve so lang als möglich vom Kampfe ferngehalten und erst im entscheidenden Augenblick ausgegeben wurde, liegt auf der Hand. In der Schlacht gegen Ariovist stellt sie auf dem bedrängten linken Flügel im richtigen Moment das Treffen wieder her und bewirkt die Flucht des Feindes [10], bei Pharsalus löst sie die ermüdeten beiden Vordertreffen ab [11].

Über die Verwendung des seltener vorkommenden vierten Treffens haben wir uns bereits oben ausgesprochen.

II. Die Gefechtsleitung Cäsars in den gallischen Feldzügen.

Cäsar gilt mit Recht als der grösste Feldherr Roms. Alles, was römische Feldherren vollführt haben, lässt sich nicht vergleichen mit Cäsars Thaten, weder an Grösse der Anstrengungen, noch an Zahl der Kämpfe, noch an Mannigfaltigkeit der Kriegsschauplätze, noch an Schnelligkeit der Ausführung, noch an Verschiedenheit der Kriegsweise. Wer aber behaupten wollte, dass Cäsar schon bei seinem ersten selbständigen Auftreten nach jeder Richtung hin ein vollkommener Feldherr war, würde sich der nämlichen Übertreibung schuldig machen, wie Cicero, wenn er den Lucullus als unerfahren im Kriegswesen von Rom abreisen, infolge von Belehrung und kriegsgeschichtlichen Studien während der Reise aber als gemachten Feldherrn in Asien ankommen lässt [12].

Cäsar selbst anerkennt die Praxis als die beste Lehrmeisterin in allen Dingen [13], und so spielt sie denn auch in seinen Kommentaren eine grosse Rolle, wie aus der Anwendung des Terminus „usus" für sich allein, sowie in den verschiedensten Verbindungen hervorgeht.

Seinen ersten Kriegsdienst hatte Cäsar in der unmittelbaren Umgebung des Prätor M. Minucius Thermus in Asien geleistet und bei der Eroberung von Mitylene sich einen Bürgerkranz erworben, sodann unter P. Servilius gegen die Isaurer und Seeräuber gekämpft, zwei Jahre später als Privatmann von Rhodus nach Asien übersetzend gegen Mithradates Truppen zusammengebracht und die wankelmütigen Städte dieser Provinz im Gehorsam gegen Rom erhalten, und endlich als Proprätor im jenseitigen Spanien zum ersten Mal eine grössere Truppe in der Stärke von 30 Kohorten geführt. Trotz der Wahl zum Kriegstribun nach der Rückkehr aus Asien, finden wir Cäsar merkwürdigerweise in keinem der grösseren Kriege dieser Zeit bethätigt, weder gegen Mithradates, noch gegen Spartacus oder Sertorius. Wohl hatte Cäsar bei allen Gelegenheiten Proben von persönlicher Tapferkeit, Organisationstalent, Energie und Raschheit abgelegt, allein der Mangel einer längeren militärischen Praxis und der Bekanntschaft mit dem grossen Krieg machte sich doch nach mehr als einer Richtung fühlbar, als er sein Kommando in Gallien antrat.

Im Folgenden soll versucht werden, an der Hand der Kommentare selbst die Gefechtsleitung Cäsars im gallischen Krieg zu verfolgen und ihre Entwicklung so weit möglich nachzuweisen.

Das I. Buch über den gallischen Krieg giebt uns von der Gefechtsleitung Cäsars gar kein befriedigendes Bild. Wenn wir im III.—VI. Buch weniger von derselben erfahren, als wir erwarten und uns lieb ist, so belehrt uns ein Blick auf die Inhaltsangaben dieser Bücher über den Grund: Cäsar selbst schlug in den Jahren 56—53 keine grossen Feldschlachten. Die Ereignisse, an welchen er selbst teilnahm, waren: die Waldgefechte gegen die Moriner und Menapier (56 v. Chr.), der Überfall der Usipeten und Tencterer mit nachfolgendem resultatlosen Rheinübergang, die erste Expedition nach Britannien (55 v. Chr.), die zweite Expedition nach Britannien, die Aufhebung der Blokade des Lagers des Q. Cicero (54 v. Chr.), die rasche Unterwerfung der aufstandslustigen Nervier, Senonen, Carnuten und Menapier, der unnütze zweite Rheinübergang und der Verheerungskrieg gegen die Eburonen (53 v. Chr.). Dass Cäsar sich nicht die Mühe nahm, bei diesen Plünderungszügen, Überfällen, grossen Rekognoszierungen und kleineren Kämpfen sein jeweiliges Eingreifen im Detail zu verzeichnen, ist leicht begreiflich. Wir erfahren aller-

2

dings z. B. seine Anweisungen, wie die Legionssoldaten in den
Waldgefechten gegen die Moriner und Menapier durch Verhaue
gegen Flankenangriffe sich schützen mussten [14], seine geschickte
Leitung der ersten Landung in Britannien [15], die Absendung
zweier Kohorten in den Rücken der das Lager angreifenden
Britannier bei der zweiten Expedition nach dieser Insel [16], seine
Anordnungen beim Entsatz Ciceros, um die Eburonen zum Angriff in ungünstiger Stellung zu verlocken [17] u. s. m. Alle diese
vereinzelten Notizen sind an und für sich interessant, vermögen
uns aber nicht ein wirkliches Bild von Cäsars Gefechtsleitung
zu geben, weil die Grundbedingung hiefür, die grosse Aktion,
fehlt.

Im I. Buch des gallischen Kriegs werden zwei grosse
Feldschlachten geschildert. Wie Cäsar in den Verlauf derjenigen
bei Bibracte eingegriffen hat, davon vernehmen wir gar nichts,
obschon es bei dem erbitterten Kampf, der von 1 Uhr Nachmit-
tags an bis tief in die Nacht hinein dauerte, an Gelegenheit hiezu
gewiss nicht gefehlt hat. Wir lesen bloss, dass Cäsar nach Aufstellung seiner Truppen eine kurze Ansprache hielt und dann
zum Gefecht vorgehen liess [18]. Die Idee, zuerst sein eigenes
Pferd, dann die aller Übrigen entfernen zu lassen, damit die
Gefahr für Alle gleich sei [19], war keine originelle; das direkte
Vorbild für Cäsar war ohne Zweifel Catilina, dessen Verzweiflungs-
kampf bei Pistoria nur wenige Jahre vor der Schlacht bei
Bibracte ausgefochten wurde [20]. Ob die Kopie von Seiten Cäsars
in diesem Fall notwendig und zeitgemäss war, darf man zum
mindesten bezweifeln. Eine Notlage, wie bei Pistoria für Catilina,
lag bei Bibracte entschieden nicht vor, und gewagt war der Verzicht auf bessere Übersicht und grössere Beweglichkeit auf jeden
Fall, zumal da Cäsar vorher noch nie eine grössere Schlacht
geleitet hatte. Wir erblicken gerade in dem Umstand, dass Cäsar
diese Schlacht nicht zu Pferd mitmachte, ein Hindernis für sein
Eingreifen in den Verlauf derselben. Allerdings lässt sich das
Entfernen der Pferde einigermassen entschuldigen durch die ur-
sprüngliche Aufstellung auf dem Abhang eines Berges; allein
Cäsar musste doch den sehr wahrscheinlichen und auch wirklich
eintretenden Fall ins Auge fassen, dass der Kampf sich bald
von da wegziehe und er zu raschem persönlichen Eingreifen genötigt werden könne. Merkwürdigerweise ist uns auch der Standort des Feldherrn nicht bekannt, welchen zu erwähnen Cäsar

sonst nicht leicht vergisst, wenn es sich um grössere Aktionen handelt[51]. Das Geständnis der Heftigkeit und Hartnäckigkeit des Kampfes, sowie das gänzliche Unterbleiben einer Verfolgung, lassen uns zwischen den Zeilen auch anderes nicht Eingestandenes lesen, so dass wir die Zweifel Rauchensteins[52] an der unbedingten Glaubwürdigkeit des Schlachtberichtes von Bibracte begreifen. Übrigens besitzen wir ein ganz bestimmtes Zeugnis, welches beweist, dass die Leitung der Legionen in der Schlacht bei Bibracte zu wünschen übrig liess; denn wenn Cäsar vor dem Kampfe gegen Ariovist das Kommando der einzelnen Legionen seinen Legaten und dem Quästor übergab, so wird Niemand so naiv sein, den von ihm angeführten Grund dieser neuen Massregel für den wirklichen zu halten. Nicht „damit die Tapferkeit jedes Einzelnen um so sicherer ihren Zeugen habe", sondern damit jede Legion gut geführt werde, nahm Cäsar den Tribunen das Kommando und übertrug es auf die Legaten und den Quästor[53].

In der Schlacht gegen Ariovist erfahren wir wenigstens den Standort Cäsars: er stellte sich, wie später immer, an die Spitze des rechten Flügels, mit welchem auch der Kampf eröffnet wurde[54]. Cäsar erkannte, dass dort, wo er selbst angreifen wollte, der Feind am schwächsten war[55]; er huldigte also nicht dem Grundsatz eines seiner Nachfolger im Feldherrnamt, des Germanicus, von dem Tacitus sagt: „Das Schwierigste übernahm er selbst, das Andere überliess er den Legaten"[56]. Nach der Eröffnung des Angriffs verlor Cäsar die Leitung der Schlacht ganz aus seinen Händen. Er sah nicht, dass der linke Flügel ins Gedränge kam; der Junge P. Crassus war es, welcher von sich aus das dritte Treffen zur Unterstützung schickte[57]. Die in der Erwähnung des Crassus im Schlachtbericht liegende Anerkennung von Seiten Cäsars ist lobenswert und die Begründung gewiss nicht unrichtig, dass Crassus, welcher die Reiterei befehligte, einen freieren Überblick hatte als diejenigen, welche am Gefecht beteiligt waren[58]. Damit soll offenbar nicht gesagt sein, dass Cäsar auch diese Schlacht wieder, wie bei Bibracte, zu Fuss mitmachte, sondern nur, dass die Reiterei weniger in Anspruch genommen war, als die Legionen, bei welchen sich Cäsar aufhielt. Immerhin wird man sich fragen: wie war es möglich, dass Cäsar, angenommen er selbst habe die Not seines linken Flügels nicht wahrnehmen können, gar nicht oder doch nicht rechtzeitig Nachricht davon erhielt? Es lässt das auf einen Mangel im Meldungsdienst schliessen,

der um so schwerer ins Gewicht fällt, weil Cäsars Standort den
Legaten, wie deren Ordonnanzen bekannt war. Wenn aber eine
militärische Organisation nicht richtig funktioniert, so ist man
leicht geneigt, den Feldherrn dafür verantwortlich zu machen.
Ein Fortschritt gegenüber Bibracte liegt in der ausdrücklich erwähnten energischen Verfolgung nach erfochtenem Sieg[89].

Die Lehren des ersten Kriegsjahres in Gallien machte sich
Cäsar, wie es von einem Mann mit seinem Geist und seiner militärischen Begabung nicht anders zu erwarten war, in vollem
Mass zu Nutzen. Denn im II. Buch des gallischen Kriegs tritt
er persönlich ganz bedeutend in den Vordergrund und spricht
mit einer gewissen Ausführlichkeit von seinem Eingreifen in die
gefährliche Schlacht gegen die Nervier. Wir erfahren zunächst,
was der römische Feldherr vor Beginn des Kampfes regelmässig
zu thun hatte, nämlich: die Feldherrnfahne aufzustecken als das
Zeichen zum Ergreifen der Waffen, mit der Trompete das Signal
geben zu lassen, die Aufstellung anzuordnen, die Soldaten anzureden, das Zeichen zum Angriff zu geben; in diesem Fall kam
noch hinzu das Abberufen der Truppen von der Schanzarbeit und
das Herbeiholenlassen der zur Beschaffung von Holz Ausge-
zogenen[90]. Der Angriff der Nervier erfolgte aber so plötzlich
und war so wütend, dass Cäsar nur das Allernötigste befehlen
konnte und dann eilte, die Soldaten anzureden, wie er gerade
auf sie traf[91]. Bei der X. Legion hielt er sich nicht mit einer
langen Rede auf, sondern erinnerte die Soldaten einfach an ihre
frühere Tapferkeit: sie sollten ihre Ruhe bewahren und entschlossen Stand halten; dann befahl er sofort den Beginn des
Kampfes, weil der Feind bereits auf Wurfweite herangekommen
war[92]. Nach seiner Ansprache an die X. Legion eilte Cäsar auf
den rechten Flügel und kam dort gerade recht, um eine Kalamität
zu verhüten: die Soldaten der XII. Legion hatten sich, vom
Feinde in der Front und auf den Flanken angegriffen, so zusammengedrängt, dass sie sich selbst am Gebrauch der Waffen hinderten;
die meisten Centurionen waren tot oder verwundet, ein Feldzeichen
verloren und Alle so matt, dass Einzelne aus den hintersten
Gliedern schon den Kampf aufgaben und sich zurückzogen[93]. In
diesem Moment traf Cäsar ein. Reserven waren nicht vorhanden,
da der plötzliche Angriff und das Terrain ein Aufstellen derselben
nicht gestattet hatten[94]. Rasch entschlossen nahm Cäsar einem
der Soldaten der hinteren Glieder den Schild, weil er selbst

keinen mitgebracht hatte, eilte in die Front, rief die Centurionen
jeden bei seinem Namen und ermutigte die Soldaten; dann gab
er Befehl anzugreifen und Rotten- und Glieder-Abstand zu nehmen,
um das Schwert gebrauchen zu können. Sein Auftreten erfüllte
die Soldaten mit frischer Hoffnung und neuem Mute, und wirklich
wurde der feindliche Angriff einigermassen gehemmt [94]. Als nun
Cäsar sah, dass die VII. Legion, welche in einiger Entfernung
neben der XII. stand, gleichfalls vom Feind bedrängt wurde,
gab er den Kriegstribunen Befehl, die Legionen allmählich sich
einander nähern und nach einer behufs Deckung des Rückens
vollzogenen Schwenkung gleichzeitig angreifen zu lassen [95]. —
So weit die Relation Cäsars über seine eigene Thätigkeit in der
Nervierschlacht. Den Ausschlag gab allerdings sein Legat Labienus,
welcher den ihm gegenüberstehenden Feind geworfen und über
die Sambre verfolgt hatte, dann aber, als er von den jenseitigen
Anhöhen den Stand der Schlacht überblickte, die X. Legion im
Laufschritt zu Hilfe sandte [97]. Cäsar gesteht auch offen ein, dass
mit dem Eintreffen dieser Truppe ein vollständiger Umschwung
eintrat [98]. Niemand wird aber bestreiten, dass er in dieser Schlacht
seine Feldherrnpflichten nach allen Richtungen erfüllte. Höchstens
könnte man ihm den Vorwurf machen, dass er vor derselben
bei der konstatierten Nähe des Feindes und angesichts des Waldes,
in welchem die Hauptmacht desselben vermutet werden konnte
und wirklich auch war, sich mit der Deckung seiner mit der
Lagerverschanzung beschäftigten Legionen durch die nicht immer
ganz zuverlässige Reiterei in Verbindung mit den Schleuderern
und Bogenschützen begnügte, statt von den 6 Veteranenlegionen
2 unter Waffen zu behalten, welche sicherlich den Feind so lange
aufgehalten hätten, bis Cäsar im stand gewesen wäre, die übrigen einigermassen zu ordnen und namentlich auch Reserven
aufzustellen, welche er im Verlaufe des Kampfes bitter vermisste [99].
Die Leitung der Schlacht selbst wurde übrigens im höchsten
Grade erschwert durch die im ganzen Lande der Nervier an-
gelegten dichten und hohen Hecken [100].

Das Fehlen detaillierter Berichte über Cäsars Gefechtsleitung
in den Jahren 56—53 v. Chr. erklärt sich, wie wir oben nachgewiesen haben, sehr einfach aus dem Mangel an grösseren
Aktionen.

Der grosse Aufstand des Jahres 52 v. Chr. fand Cäsar bereits auf der Höhe seiner Strategie, durch welche vorkommende

taktische Misserfolge immer wieder ausgeglichen wurden. Empfindlich war die vor Gergovia erlittene Schlappe. Vor dem durch geschickte Täuschung des Feindes vorbereiteten Sturm auf die gallischen Lager am Fusse der Mauern dieser Stadt gab Cäsar den Legaten, welche die einzelnen Legionen befehligten, den strikten Befehl, ihre Soldaten zusammenzuhalten, damit sie nicht von Kampflust oder Beutegier sich zu weit fortreissen liessen, und hob ausdrücklich hervor, es handle sich nicht um eine Schlacht, sondern nur um einen Handstreich [101]. Cäsar selbst machte den Sturm mit der X. Legion mit; als die Lager genommen waren und er seinen Zweck erreicht sah, liess er zum Rückzug blasen und brachte auch sofort die X. Legion. bei welcher er sich selbst befand, zum Stehen [102]. Die übrigen Legionen dagegen, hingerissen durch die Hoffnung auf leichten Sieg, drangen weiter vor trotz aller Bemühungen der Legaten und Tribunen, sie zurückzuhalten [103]. Cäsar sucht seine Soldaten damit zu entschuldigen, dass sie den Ruf der Trompete nicht hätten hören können, weil eine bedeutende Schlucht dazwischen lag [104]. Mit Sicherheit lässt sich natürlich nicht behaupten, dass das Nichthören des Signals nicht der wirkliche Grund war; allein, wenn wir andere ähnliche Fälle von Insubordination und zwar nicht nur gegenüber Legaten und Tribunen, sondern gegen Cäsar selbst vergleichen, so befällt uns doch ein leiser Zweifel, ob die Trompete wirklich nicht gehört, oder nicht vielmehr trotz Signal aus Kampflust und Beutegier weiter gestürmt wurde. Bei Thapsus z. B. wurde ein Trompeter auf dem rechten Flügel von den Soldaten gezwungen, gegen den Befehl Cäsars das Signal zum Angriff zu blasen [105]. Dass die Entschuldigung Cäsars für das weitere Vordringen seiner Legionen vor Gergovia keine genügende ist, verrät er wieder selbst durch den Bericht, dass ein Centurio der VIII. Legion, L. Fabius, an diesem Tage laut und wiederholt gegen seine Kameraden sich geäussert hatte, ihn locke der Preis von Avaricum und er müsse unbedingt zuerst die Stadtmauer ersteigen [106]. Somit liegt auf der Hand, weshalb Cäsar nur von den Bemühungen der Legaten und Tribunen spricht, die Truppen zurückzuhalten, nicht aber auch von denjenigen der Centurionen; was Fabius laut äusserte, das zu thun waren Centurionen und Soldaten im Stillen übereingekommen; der Handstreich sollte von den Lagern auf die Stadt selbst ausgedehnt werden; 46 Centurionen und im Ganzen ungefähr 700 Mann fielen zur Strafe für ihre Insubordination [107];

es lässt sich denken, dass erstere im Gefühl ihrer Schuld sich
nicht schonten. Wir haben hier wieder einen Beweis, dass die
Disciplin im Heere Cäsars schon vor dem Bürgerkrieg nicht mehr
die eiserne altrömische war. Sueton überliefert also ganz richtig,
dass Cäsar Vergehen weder allezeit noch jedesmal nach Ver-
dienen bestrafte [108]. Die Deckung des Rückzuges ins Lager von
Seiten Cäsars bei Gergovia war eine sehr geschickte: sobald er
den unglücklichen Gang des Gefechts bemerkte, schickte er dem
Legaten Titus Sextius, welcher im kleineren Lager zurückgelassen
worden war, Befehl, rasch mit den Kohorten auszurücken und
am Fuss der Höhe in der rechten Flanke des Feindes Stellung
zu nehmen, um ihn zu bedrohen und bei der Verfolgung der Ge-
schlagenen möglichst aufzuhalten [109]; er selbst rückte mit der
X. Legion von seinem Standort etwas vor und wartete hier den
Ausgang des Gefechts ab [110]. Die Geworfenen wurden von dieser
ersten Reserve aufgenommen und diese hinwiederum von den
Kohorten der XIII. Legion unter dem Kommando des Legaten
Titus Sextius [111]. Ob ein Nachschicken der verfügbaren doppelten
Reserven bis unter die Stadtmauern dem Gang des dortigen Gefechts eine bessere Wendung hätte geben können, wagen wir
nicht zu entscheiden. Cäsar hatte aber gewiss bei dem Umsich-
greifen des Aufstandes in Gallien allen Grund, seine Leute zu
schonen und für Entscheidungen auf günstigerem Terrain auf-
zusparen.

Die vor Gregovia erlittene Schlappe wurde bald wieder gut
gemacht durch den günstigen Ausgang des grossen Reitertreffens,
welches die Blokierung von Alesia zur unmittelbaren Folge hatte.
Auf die Meldung von dem gleichzeitigen Anmarsch der drei
Reiterabteilungen des Vercingetorix warf Cäsar diesen nach allen
Richtungen seine eigene Reiterei entgegen. Er selbst machte
mit den Legionen Halt und liess den Tross in die Mitte nehmen.
Sobald auf irgend einem Punkte die Reiter ins Gedränge kamen,
liess Cäsar von seiner centralen Stellung aus einzelne Abteilungen
in Schlachtordnung vorgehen; diese Massregel hinderte den Feind,
seinen Vorteil zu verfolgen und flösste den Cäsarianern, die sich
unterstützt sahen, neuen Mut ein. Als durch eine geschlossene
Attacke der Germanen die Gallier endgültig geworfen wurden,
verfolgte sie Cäsar selbst bis in die Nacht hinein und schlug
am folgenden Tage vor Alesia sein Lager auf [112].

Nach dem Anrücken der gewaltigen gallischen Entsatzarmee war Cäsar genötigt, seine Schanzen vor Alesia nach zwei Seiten hin zu verteidigen. Zu diesem Zweck wählte er für sich einen passenden Standort, von welchem aus er den Gang des Kampfes beobachten und nach seinem Ermessen die bedrohten Punkte verstärken konnte[114]. Als Cäsar von der Bedrängnis seiner Truppen in den oberen Verschanzungen Nachricht erhielt, schickte er den Labienus zu Hilfe mit dem Befehl, im äussersten Notfall einen Ausfall zu unternehmen[115]. Zu den die Verschanzungen in der Ebene Verteidigenden gieng er selbst und forderte sie zu festem Aushalten auf; als die belagerten Gallier hier nicht durchzudringen vermochten, wandten sie sich mit aller Macht gegen die Höhen[116]. Zweimalige Nachschübe dorthin genügten nicht, bis Cäsar selbst frische Reserven heranführte und den Angriff abschlug[116]. Nun wandte er sich nach dem Punkte, nach welchem bereits Labienus abgeschickt worden war und liess die Hälfte der ihm folgenden Reiterei die Feinde im Rücken fassen[117]. Als Labienus den schon von weitem an der Farbe seines Kriegskleides kenntlichen Oberfeldherrn an der Spitze der Verstärkungen anrücken sah, machte er den Ausfall, den er so lange hatte hinausschieben können. Dieser Stoss, verbunden mit der Umgebung der Gallier durch die Reiterei entschied das Schicksal von Alesia[118]. In diesem Entscheidungskampf erweckt die meisterhafte Gefechtsleitung Cäsars um so mehr Bewunderung, als er seinen ursprünglichen Standpunkt, von welchem aus er Alles überblicken konnte und für Meldungen leicht erreichbar war, bald verlassen musste, um persönlich einzugreifen.

Die Abspannung, welche naturgemäss auf die gewaltigen Anstrengungen der Gallier in dem unglücklichen Freiheitskampfe des Jahres 52 v. Chr. erfolgte, erklärt zur Genüge das Schweigen des Hirtius im VIII. Buch des gallischen Kriegs über die Gefechtsleitung Cäsars. Im Bürgerkrieg gegen Pompejus und dessen Anhänger hatte Cäsar namentlich in den Treffen bei Ilerda, Dyrrhachium und Ruspina, sowie in den Schlachten bei Pharsalus, Thapsus und Munda vollauf Gelegenheit, Proben seiner Kunst in der Aufstellung der Truppen, sowie in der Führung derselben im Gefecht zu geben. Neue Momente in der Gefechtsleitung lassen sich jedoch nicht nachweisen, abgesehen von der Aufstellung und geschickten Verwendung eines vierten Treffens bei Pharsalus und Thapsus, ferner der Einsetzung besonderer Kommandanten für die Flügel und das Centrum bei Pharsalus, in welcher Schlacht der Überblick Cäsars über das Gesamte in dem präcisen Eingreifen des dritten und vierten Treffens seinen Ausdruck findet, sowie endlich der Anordnung und Ausführung des schwierigen Manövers bei Ruspina, welches in dem Kehrtmachen jeder zweiten Kohorte während des Gefechts behufs Bildung einer „duplex acies" bestand, deren zweites Treffen mit verkehrter Front gegen den im Rücken andringenden Feind schlug. In dem Bericht über die Schlacht bei Pharsalus finden wir auch ein in dieser Art wenigstens früher nicht verwendetes Mittel der Gefechtsleitung erwähnt: Cäsar liess dem dritten und vierten Treffen den Befehl zukommen, nicht ohne seinen Willen anzugreifen; er werde rechtzeitig das Zeichen dazu mit der Fahne geben [109]. Es wird das wohl die nämliche Fahne gewesen sein, deren Aufstecken den Beginn der Schlacht signalisierte [110].

Der Fortschritt in der Gefechtsleitung Cäsars von der Schlacht bei Bibracte an bis zu den Kämpfen gegen Ende des Bürgerkrieges wird trefflich charakterisiert durch die folgenden Worte des Verfassers des bellum Africanum: „Diese Anordnungen aber traf Cäsar nicht in eigener Person, indem er vom Lagerwall Ausschau hielt, sondern infolge seiner bewunderungswürdigen Kriegskenntnis im Feldherrnzelt sitzend durch Vermittlung seiner Kundschafter und Ordonnanzen [111]".

III. Die Normalstärke der Legion zur Zeit Cäsars.

Lange [112] und nach ihm Göler [113] nehmen für die Zeit Cäsars eine Normalstärke der Legion von 5000 Mann an. Sie gehen hiebei namentlich von Plutarch aus, welcher mehrfach berichtet, dass die XIII. Legion, mit welcher Cäsar den Rubico überschritt, 5000 Mann stark war [114]. Plutarchs Zahlenangaben sind aber nicht immer zuverlässig; man vergleiche nur die 20,000 Mann, die er dem Catilina zuschreibt [115], mit der von Sallust überlieferten Thatsache, dass jener nur über 2 Legionen verfügte [116]. Die von Plutarch für die XIII. Legion überlieferte Zahl kann aus folgenden Gründen nicht richtig sein. Cäsars Legionen hatten in den

gallischen Feldzügen grossen Abgang gehabt [137], ohne dass Ergänzungen in dieselben aufgenommen worden wären. Wir lesen
überhaupt nur im VII. Buch des gallischen Kriegs von einem
„supplementum", welches Cäsar aus Italien herbeiführte [138]; dasselbe wurde aber nicht in die Legionen eingereiht, sondern bildete
ein besonderes Korps für sich, welches z. B. von Labienus bei
seinem Zug nach Paris zur Bedeckung des grossen Gepäcks in
Sens zurückgelassen wurde [139]; offenbar waren es also Rekruten
oder doch Leute, welche an Kriegstüchtigkeit weit hinter den
alten Legionen zurückstanden. Cäsar hielt an dem Grundsatz
fest, die alten Legionen eher aufs äusserste zusammenschmelzen
zu lassen, als durch Einschieben neuer, weniger geübter Elemente
den Verband und Korpsgeist zu lockern. So zählte z. B. die VI.
Legion, welche Cäsar aus Ägypten gegen Pharnaces mitnahm,
nicht einmal mehr 1000 Mann [140]. Pompejus befolgte das Gegenteil, als er eine Menge Leute aus Thessalien, Böotien, Achaia
und Epirus, sowie die Soldaten des Antonius als Ersatzmannschaft
in seine Legionen steckte [141]. Die XIII. Legion wird schon im
Jahre 54 v. Chr. in Gallien erwähnt [142], machte also ohne Zweifel
eine Reihe von Kämpfen mit. Im Jahre 50 v. Chr. nach Beendigung des gallischen Krieges wurde sie von Cäsar, als er die
XV. Legion dem Pompejus abtreten musste, als Ersatz dieser
letzteren nach „Gallia citerior" geschickt zur Besetzung der
festen Plätze, aus welchen die XV. abrückte [143]. Von einer Ergänzung in dort vernehmen wir absolut nichts; eine solche hätte
auch den vorhin erwähnten Grundsätzen Cäsars ganz wider-
sprochen. Die Legion hatte also unter keinen Umständen bei
Ausbruch des Bürgerkriegs eine Stärke von 5000 Mann.

Von Marius scheint eine Legionsstärke von 6200 Mann fest-
gesetzt worden zu sein [144], wie sie ausnahmsweise auch schon
zur Zeit der Manipularlegion vorkam [145]. Lange macht mit Recht
darauf aufmerksam, dass auch Mithradates, als er sein Heer nach
römischem Vorbild organisierte, seine Kohorten 600 Mann stark
machte [146]. Die übrigen von Lange citierten Stellen aus Plutarch
und Appian sprechen bald von 6000, bald von 5000 Mann [147],
beweisen also zum Teil nur, dass der Effektivetat oft hinter dem
Normaletat zurückblieb.

Nicht berücksichtigt wurde von Lange eine Stelle, welche
entscheidend ist für eine Normalstärke der Legion von rund 6000
Mann auch zu Cäsars Zeit. Cicero schreibt in einem seiner Briefe

an Atticus: „Pompeius mare transiit cum omnibus militibus, quos secum habuit; hic numerus est hominum milla XXX [137]". Aus Cäsar erfahren wir, dass Pompejus mit 5 Legionen von Italien nach Griechenland übersetzte [148]. Die Klassiker verstehen unter „milites", auch ohne den Zusatz „legionarii" fast regelmässig Fuss-Soldaten, speciell Legionssoldaten [149]. Wenn wir das Wort in diesem Sinn hier interpretieren wollten, wozu wir volle Berechtigung hätten, ergäbe sich bei 5 Legionen für die einzelne eine Stärke von rund 6000 Mann. Angenommen aber auch, Cicero verstehe hier unter den „milites" Legionen, Reiterei und leicht-bewaffnete Hilfsvölker zu Fuss, so bleibt trotzdem die Beweis-kraft unserer Stelle unerschüttert. Die beiden letzteren Waffen-gattungen wurden schon seit längerer Zeit ausschliesslich von Ausländern gestellt; fremde Reiterei stand momentan gar nicht in Italien, so dass Pompejus sich genötigt sah, Sklaven und Hirten zu bewaffnen und daraus eine Reitertruppe von 300 Mann zu bilden [144]. Bei der Deckung der Abfahrt von Brundisium ver-wendete Pompejus Bogenschützen und Schleuderer [141]; aber auch diese Leichtbewaffneten können nicht zahlreich gewesen sein, da die Zeit zur Beschaffung solcher zu kurz war. In seinem Feldzug gegen Cäsar in Griechenland verfügte dann allerdings Pompejus über 3000 Bogenschützen und 2 Kohorten Schleuderer zu 600 Mann; allein schon die Länder, aus welchen sie stammten, u. a. Pontus und Syrien, zeigen, dass sie erst nach der Abfahrt von Italien zum Heere stiessen [149]. Auf jeden Fall waren die in Brundisium versammelten leichtbewaffneten „auxilia" und die Reiterei so wenig zahlreich, dass, auch wenn sie in der von Cicero genannten Zahl 30,000 inbegriffen sind, die 5 Legionen unter allen Umständen mehr als 5000 Mann stark waren und durch die oben erwähnte Ergänzung [144] leicht auf den Normal-etat von 6000 gebracht werden konnten. In der Schlacht bei Pharsalus waren die Kohorten des Pompejus trotz aller voran-gegangenen Kämpfe, Entbehrungen und Detachierungen immer noch durchschnittlich mindestens 400, die Legion also 4000 Mann stark [144]. Übrigens spricht auch die vorhin erwähnte Bildung von 2 Kohorten Schleuderer à 600 Mann für eine Normalstärke der Kohorte der damaligen Zeit von 600, resp. der Legion von 6000 Mann.

Sicher ist, dass schon nach Bibracte die effektive Stärke der Legionen Cäsars nie auch nur annähernd der Normalstärke

gleichkam. Vor der Schlacht gegen Ariovist nahm Cäsar die
X. Legion als zuverlässige Bedeckung auf den Pferden seiner
gallischen Reiterei zu der Unterredung mit dem germanischen
Heerkönig mit [116]. Die Stärke dieser Reiterei ist im helvetischen
Feldzug zu 4000 Pferden angegeben [117] und wird auch im ger-
manischen so ziemlich dieselbe geblieben sein, da Verluste dieser
Waffe im Lande selbst leicht jeder Zeit ersetzt werden konnten.
Cäsar sagt nicht, dass er einen Teil der X. Legion beritten gemacht habe, sondern die X. Legion als solche; sie kann also
damals nur ungefähr 4000 Mann stark gewesen sein. Ob sie bei
Beginn der gallischen Feldzüge die Normalstärke erreicht hatte,
lässt sich bei dem absoluten Fehlen jeglicher Nachrichten bei
Cäsar selbst nicht konstatieren. Ganz unmöglich erscheint es
nicht; denn bei Bibracte muss sie stark engagiert gewesen sein
und entscheidend eingegriffen haben; sonst hätte sie Cäsar nachher nicht seinen Legionen als Muster hinstellen können [118]. Im
fünften Kriegsjahr werden 2 Legionen mit der dazu gehörigen
Reiterei auf kaum 7000 Mann geschätzt [119], und die 2 Legionen,
welche Cäsar mit sich nach Alexandria nahm, zählten zusammen
nur 3200 Mann [120]. Über den noch tieferen Stand der VI. Legion
im Kriege gegen Pharnaces wurde oben schon gesprochen [121].

IV. Die „varietas" Cäsars in der militärischen Terminologie und Phraseologie.

Man spricht nur von einer stilistischen „varietas" des Tacitus
und Livius, etwa auch des Sallust, aber nie von einer solchen
Cäsars. Die politische und militärische Nüchternheit Cäsars findet
auch in seinem Stil ihren Ausdruck; nur im VII. Buch über den
gallischen Krieg wird derselbe belebter: so intensiv war auch
beim Niederschreiben noch das Bewusstsein der bestandenen Ge-
fahren des Jahres 52 v. Chr., die Erinnerung an das gewaltige
Ringen der Gallier um die Freiheit. Dieses Buch empfiehlt sich
deshalb auch ganz besonders zur Lektüre in der Schule. Der
Schüler empfindet hier mit, und nicht immer fällt sein Vergleich

zwischen dem warm fühlenden gallischen Helden Vercingetorix
und dem kalt berechnenden römischen Imperator zu Gunsten des
letzteren aus.

Neben den stark aufgetragenen, lebhaften Farben eines Livius
und Tacitus kommen uns die Schlachtenschilderungen Cäsars zum
Teil etwas blass vor, so sehr sie auch sachlich denjenigen der
beiden genannten Historiker überlegen sind. Eine gewisse Mo-
notie im Stil wird auch verursacht durch die nicht seltene Wiederholung derselben Wörter und Wendungen in unmittelbarer
Nähe. Bewusst ist die bekannte häufige Wiederholung des Be-
ziehungswortes im Relativsatz, unbewusst sind aber sicherlich
Cäsars Feder Stellen entflossen wie: „namque omnium rerum,
quæ ad bellum usui erant, summa erat in eo oppido *facultas,*
idque natura loci sic muniebatur, ut magnam ad ducendum bellum
daret *facultatem* (bell. Gall. 1, 38, 3—4)". — „Eodem die *castra*
promovit et milibus passuum sex a Cæsaris *castris* sub monte
consedit. Postridie eius diei præter *castra* Cæsaris suas copias
traduxit et milibus passuum duobus ultra eum *castra* fecit (bell.
Gall. 1, 48, 1—2) u. a. m.

Im Folgenden gebe ich eine Zusammenstellung der Ausdrücke bei Cäsar, Livius und Tacitus, in welchen statt der Bewegungen der Truppen die entsprechenden Bewegungen der Feldzeichen eingesetzt werden. Es sind dieselben charakteristisch für
den Reichtum der militärischen Phraseologie der drei Schriftsteller. Sallust wurde absichtlich weggelassen, weil der Umfang
des von ihm Erhaltenen in keinem Verhältnis zu den Werken der
Vorgenannten steht.

	Cäsar.	Livius.	Tacitus.
signa (aquilam, aquilas) ferre	bell. Gall. 1, 39, 7. 1, 40, 12. 4, 25, 3. 4, 25, 4. 6, 37, 6.	2, 19, 3. 5, 43, 2. 9, 14, 5. 10, 5, 1. 22, 29, 10. 27, 24, 2. 27, 47, 8. 27, 47, 10. 28, 1, 9. 28, 16, 1. 30, 10, 2. 31, 40, 3. 33, 7, 1. 34, 15, 3. 35, 27, 16. 35, 29, 12. 41, 3, 8. 42, 64, 5.	hist. 2, 66. ann. 1, 65.

	Cäsar.	Livius.	Tacitus.
signa inferre . . .	bell. Gall. 1, 25, 7. 2, 25, 2. 2, 26, 1. 7, 67, 4. bell. civ. 1, 64, 2. 1, 82, 5. 2, 42, 1. cf. 3, 67, 1.	3, 60, 8. 3, 60, 9. 3, 62, 8. 8, 70, 10. 4, 33, 9. 4, 87, 11. 4, 47, 2. 6, 8, 1. 7, 24, 6. 8, 89, 5. 9, 32, 6. 9, 40, 9. 10, 5, 9. 10, 29, 9. 10, 36, 10. 27, 15, 16. 27, 15, 18. 27, 42. 9. 27, 42, 12. 28, 15, 10. 81, 21, 14. 33, 36, 11. 35, 5, 11. 37, 42, 4. 89, 31, 9 (absolut). — 2, 53, 1 5, 89, 8. 6, 23, 2. 6, 82, 8. 8, 30, 7. 10, 19, 21. 27, 18, 3. 28, 3, 12. 34, 33, 11. (c.Dat.).— 8, 19, 7. 6, 29, 2. 9, 23, 13. 9, 27, 12. 10, 42, 3. 22, 29, 5. 26, 6, 1. 27, 14, 11. 30, 18, 2. 37, 84, 11. 44, 12, 3 (in). — 4, 18, 5. 40, 82, 4 (adversus). — 4, 18, 5 (contra). —	ann. 14, 30.
signa conferre . . . (nicht eingerechnet sind die zahllosen mit „signis collatis" gebildeten Phrasen des Livius, wie: signis collatis pugnare u. s. w.	bell. Gall. 2, 15, 1. bell. civ. 1, 71, 3 (in unum locum).	2, 26, 6. 2, 64, 5. 8, 7, 6. 23, 40, 9. 23, 49, 13. 27, 12, 10. 37, 21, 2 (absolut). — 1, 33, 4. 5, 19, 7. 6, 42, 6. 8, 30, 7. 8, 82, 6. 8, 86, 6. 9, 13, 12. 9, 44, 11. 30, 30, 5 (cum). — 7, 15, 4. 7, 34, 13. 7, 37, 13 (in). — 3, 70, 12 (ad). —	—

	Cäsar.	Livius.	Tacitus.
signa (vexilla) efferre	—	10, 19, 12. 22, 42. 8. 24, 46. 7. 25, 41. 4. 27, 2. 5. 27, 42. 6. 80, 5. 3. 81, 24. 10. 34, 46. 8. 84. 46, 11. 40, 25, 6. 40, 28, 2.	hist. 3, 81.
signa transferre	bell. civ. 1, 24, 3. 1, 60, 4. 1, 74, 3.	5, 8, 8. 24, 47, 8.	hist. 4, 16. ann. 2, 81.
signa proferre	—	4, 19, 13. 4, 32, 10. 9, 32, 5. 9, 43, 8. 9, 45, 14. 10, 4, 11. 10, 40, 6. 22, 48, 3. 37, 39, 5.	—
signa referre	—	2, 43, 9. 25, 25, 2. 38, 2, 8. 42, 59, 11. 42, 64, 9. 42, 66, 8.	—
signa recipere	—	7, 34, 2. 8, 39, 10. 26, 6, 6.	—
signa circumagere	—	6, 24, 7. 10, 36, 9.	—
signa vertere	—	2, 53, 3. 7, 34, 9. 9, 35, 7. 28, 33, 12.	—
signa (aquilas) convertere	bell. Gall. 1, 25, 7. 2, 26, 1. 6, 8, 5.	2, 14, 7. 5, 88, 3. 8, 11, 4. 26, 5, 16. 31, 27, 7. 81, 48, 2. 34. 28, 10.	ann. 16, 17.
signa obvertere	—	9, 35, 2.	—
signa vellere	—	3, 50, 11.	—
signa (vexilla) convellere	—	3, 7, 3. 3, 54, 10. 5, 37, 4. 7, 39, 16. 22, 3, 11—13. 25, 21, 1.	ann. 1, 20.

	Cäsar.	Livius.	Tacitus.
signa movere . . .	—	1, 14, 9. 3, 69, 8. 7, 84, 13. 7, 37, 6. 22, 38, 6. 25, 9, 1. 27, 2, 12. 28, 26, 11. 31, 42, 6. 36, 19, 8. 37, 4, 10. cf. 27, 48, 10. 42, 7, 6.	—
signa promovere . .	—	6, 38, 10. 10, 40, 12.	—
signa admovere . .	—	10, 17, 7.	—
signa statuere . . .	—	6, 55, 1. 9, 21, 4. 31, 42, 4.	—
signa constituere . .	—	3, 27, 8. 10, 84, 9. 22, 30, 2. 31, 36, 8. 33, 10, 3. 34, 20, 4. 44, 37, 11.	hist. 4, 34.
signa sustinere . . .	—	31, 24, 8.	—
aquilas figere (humo)	—	—	ann. 1, 65.
signa tollere . . .	bell. civ. 2, 20, 4.	22, 6, 10. 23, 35, 18. 25, 38, 7. 26, 5, 16. 28, 2, 15. 32, 30, 7. 38, 30, 9.	—
signa erigere . . .	—	27, 48, 12.	—
signa parare . . .	—	—	hist. 1, 31.
signa expedire . . .	—	25, 13, 11.	—
signa diducere . . .	—	7, 34, 13.	—
signa obicere . . .	—	—	ann. 2, 17.
signa coniungere . .	—	—	hist. 3, 2.
signa congregare . .	—	—	hist. 4, 16. ann. 1, 29.
vexilla contrahere .	—	—	Agric. 18.
signa relinquere . .	—	—	hist. 3, 50.
signa accire	—	—	hist. 3, 52.

Wie Cäsar in dieser Specialität der militärischen Phraseo
logie eine bedeutend geringere Auswahl bietet als Livius und
Tacitus, so vermissen wir auch im Allgemeinen Termini und
Phrasen, die bei anderen Klassikern oft und gern gebraucht
werden. Ich hebe hier nur einige auffälligere Beispiele hervor:

tentorium	castra coniungere
clades	vasa colligere
strages	tesseram dare
excubiae	instrare exercitum
caedere = töten (bei Cäsar nur = fällen)	rapere exercitum
trucidare	res ad gladios (manus) venit
invadere (bei Cäsar nur übertragen)	gradum inferre
scribere (bei Cäsar nur „conscribere")	tela ingerere
militare	ad coniectum teli venire
decurrere (= manövrieren)	extra coniectum teli esse
debellare	acies inclinat (inclinatur)
validus	agere vigilias (custodias, stationes)
strennus	signa canere
tumultuarius	fundere et fugare
atrox ⎱ proelium	in fugam convertere
ambiguum ⎰	terga dare
bellum incipere	tergis hostium inhaerere
bellum inire	ferro ignique vastare
bellum conflare	stipendia facere (merere)
bellum movere	detrectare pugnam (bei Cäsar „mili-
bellum excitare	tiam")
bellum trahere	victoriam reportare
bellum componere	occidione occidere
castra locare	

Andererseits weist aber auch Cäsar, abgesehen von den
Wörtern keltischen Ursprungs, Termini und Phrasen auf, die sich
sonst bei den Klassikern nicht oder nur selten finden. Ich mache
hier bloss aufmerksam auf:

beneficiarius (bell. civ. 1, 75, 2. 3, 88, 4)
copula = Enterhaken (bell. Gall. 3, 13, 8)
fenestra = Schiessscharte (bell. civ. 2, 9, 9)
colonica cohors (bell. civ. 2, 19, 3)
librilis funda (bell. Gall. 7, 81, 4)
sarcinaria iumenta (bell. civ. 1, 8, 6)
materiari (bell. Gall. 7, 73, 1)
se profundere = ausschwärmen (bell.
 civ. 3, 93, 3)

in orbem consistere (bell. Gall. 5, 33, 3)
abstere a signis (bell. Gall. 5, 17, 2)
conclamare vasa (bell. civ. 1, 66, 1. 3,
 37, 4. 3, 38, 1)
magnis itineribus se extendere (bell.
 civ. 3, 77, 3)
retorquere agmen (bell. civ. 1, 69, 3)
subsequi signa (bell. Gall. 4, 26, 1)
 u. a. m.

Eine weitere Ausführung dieses Thema bleibt einer späteren
Arbeit vorbehalten.

Cäsars Verdienst ist es bekanntlich, das vorhandene Sprachmaterial mit der ihm eigenen Klarheit gesichtet und mit Vermeidung jeder Effekthascherei, lediglich geleitet von dem Streben nach Deutlichkeit und Verständlichkeit, angewandt zu haben. Man merkt seinem Stil keine Absicht an, wie das bei Sallust und Tacitus der Fall ist; ebenso liegt ihm die Rhetorik des Livius fern. Dass er aber trotzdem auch die „varietas" zu handhaben verstand, sollen die folgenden Beispiele zeigen, welche keineswegs auf absolute Vollständigkeit Anspruch machen. Für jeden Terminus und jede Phrase geben wir je nur eine Belegstelle, da die Konstatierung der „varietas" als solcher uns die Hauptsache ist und jedermann leicht an der Hand der zahlreichen gleichzeitig erscheinenden und baldigem Abschluss entgegengehenden Speciallexika für Cäsar weitere Stellen sich notieren kann.

obsidio b. G. 7, 32, 6
obsessio b. G. 7, 36, 4
conclusio b. c. 2, 22, 1

desistere oppugnatione b. G. 6, 39, 4
discedere ab oppugnatione b. c. 2, 31, 3
dimittere oppugnationem b. c. 3, 73, 1
obsessionem omittere b. c. 3, 24, 4
    „   relinquere b. G. 5, 49, 1

excursiones facere b. G. 2, 30, 1
eruptiones facere b. G. 2, 33, 2

irrumpere in oppidum b. G. 7, 70, 6
    „   oppidum b. c. 1, 27, 3

turrim (turres) erigere b. c. 1, 26, 1
    „   excitare b. G. 3, 14, 4
    „   exstruere b. c. 8, 54, 1
    „   efferre b. c. 2, 8, 3
    „   efficere b. c. 3, 9, 3
    „   instituere b. G. 5, 52, 2
    „   constituere b. G. 2, 12, 6

turrim (turres) movere b. G. 2, 30, 4
    „   promovere b. G. 7, 27, 1
    „   agere b. G. 3, 21, 2
    „   adigere b. G. 5, 43, 6
    „   appellere b. c. 1, 26, 1

aggerem iacere b. G. 2, 12, 5
    „   exstruere b. G. 2, 30, 3

fossam (fossas) facere b. c. 1, 41, 4
    „   ducere b. G. 7, 72, 1

fossam (fossas) perficere b. c. 1, 42, 1
    „   perducere b. G. 7, 36, 7

fossas explere b. G. 7, 82, 8
    „   complere b. G. 3, 5, 1

munitiones perfringere b. G. 7, 85, 3
munitionem perrumpere b. G. 7, 82, 2

castella facere b. G. 7, 67, 7
    „   efficere b. c. 8, 44, 3
    „   ponere b. c. 3, 58, 1
    „   constituere b. G. 2, 8, 4
    „   munire b. c. 3, 36, 3
    „   communire b. G. 1, 8, 2

vallum scindere b. G. 3, 5, 1
    „   rescindere b. G. 7, 86, 5

portas patefacere b. G. 2, 32, 4
    „   aperire b. c. 1, 20, 1

manum conserere b. c. 1, 50, 4
comminus stare b. c. 1, 47, 2
comminus pugnare b. G. 7, 50, 1
comminus gladiis pugnare b. G. 1, 52, 3
gladiis comminus rem gerere b. G. 5, 44, 11
gladiis rem gerere b. G. 7, 89, 3

gladiis uti b. G. 2, 25, 2
redire ad gladios b. c. 3, 93, 2

gladium stringere b. c. 3, 93, 1
    „ destringere b. G. 1, 25, 3
    „ educere b. G. 5, 44, 8

pila mittere b. G. 1, 25, 2
    „ emittere b. G. 2, 25, 1
    „ immittere b. G. 5, 44, 6
    „ conicere b. G. 1, 52, 3

pila remittere b. G. 2, 27, 4
    „ reicere b. G. 1, 52, 3

telum (tela) iacere b. c. 1, 50, 2
        conicere b. G. 1, 26, 3
        abicere b. c. 2, 34, 6
        mittere b. c. 3, 98, 3
        immittere b. c. 2, 9, 3
        adigere b. G. 2, 21, 3

adoriri b. G. 1, 18, 5
aggredi b. G. 1, 12, 3
signa inferre b. G. 2, 25, 2
impetum facere in b. G. 1, 25, 3

adoriri ab tergo b. G. 7, 87, 4
    „ post tergum b. c. 3, 44, 4

lacessere b. G. 1, 15, 3
carpere b. c. 1, 63, 2

impetum ferre b. G. 3, 19, 3
    „ sustinere b. G. 1, 34, 1
    „ excipere b. c. 3, 93, 2

concurrere b. c. 3, 86, 1
congredi b. G. 1, 36, 3

pugnare b. G. 4, 26, 1
dimicare b. G. 5, 49, 6
proeliari b. G. 4, 2, 3
contendere b. G. 7, 70, 1
configere b. c. 1, 71, 1

depugnare b. G. 7, 28, 1
decertare b. G. 1, 44, 4

armis congredi b. G. 1, 36, 3
    „ contendere b. G. 1, 31, 6
    „ dimicare b. c. 1, 20, 4
    „ decertare b. c. 3, 19, 3
arma conferre c. aliquo b. c. 1, 74, 2

proelium facere b. G. 1, 18, 1
    „ committere b. G. 1, 15, 2

portas excidere b. G. 7, 50, 4
    „ refringere b. G. 2, 33, 6

se porta foras proripere b. c. 2, 11, 4
portis se foras erumpere b. c. 2, 14, 1

castra facere b. G. 1, 48, 2
    „ ponere b. G. 1, 22, 5
    „ metari b. c. 3, 13, 3

castris idoneum locum capere b. G. 5, 9, 1
    „   „ deligere b. G. 6, 33, 5

milites (exercitum) castris continere
    b. G. 1, 48, 4
milites in castris continere b. G. 4, 34, 4
    „ intra vallum „ b. c. 3, 76, 1
    „ intra munitiones continere b.
    G. 5, 57, 4
suos intra castra continere b. G. 5, 58, 1

castra aptissima natura loci et muni-
    tione b. c. 3, 37, 5
castra et loci natura et manu muni-
    tissima b. G. 5, 57, 1
castra et opere et natura loci muni-
    tissima b. c. 2, 31, 2

hiberna b. G. 1, 10, 3
hibernacula b. G. 2, 35, 3

tabernacula statuere b. c. 1, 81, 2
        constituere b. c. 1, 80, 3

pontem interscindere b. G. 2, 9, 4
    „ interrumpere b. G. 7, 19, 2

pontem facere b. G. 1, 13, 1
    „ efficere b. G. 6, 6, 1
    „ perficere b. G. 6, 35, 6
    „ instituere b. G. 4, 18, 4

rem frumentariam providere b. G. 3,
    20, 2
de re frumentaria providere b. c. 3, 34, 2
rei frumentariae prospicere b. G. 1, 23, 1

frumentum convehere b. G. 7, 74, 2
    „ comportare b. G. 5, 26, 2
    „ conferre b. G. 4, 31, 2
    „ cogare b. c. 2, 18, 1
    „ conquirere b. G. 3, 42, 4

subministrare frumentum b. G. 1, 40, 11
supportare „ b. G. 1, 48, 2
„ rem frumentariam b. G. 1, 39, 6
laborare a re frumentaria b. G. 7, 10, 1
premi re „ b. G. 5, 28, 5
angustae uti re „ b. c. 8, 61, 1
angustiis rei frumentariae compelli b.
c. 3, 41, 4
affici difficultate rei frumentariae b. G.
7, 17, 3
intercludere aliquem re frumentaria
b. G. 1, 23, 3
excludere aliquem a re frumentaria
b. G. 7, 55, 9
demetere frumentum frumenta, pabu-
lum) b. G. 4, 32, 4
succidere frumentum b. G. 4, 19, 1
secare „ b. G. 7, 14, 4
premi pabulatione b. c. 1, 78, 1
angustius pabulari b. c. 1, 69, 2
commeatu ibus) prohibere aliquem b.
G. 1, 49, 1
commeatu intercludere aliquem b. G.
3, 23, 6
cf. commeatum intercludere b. G. 3, 24, 2
fugare b. G. 7, 68, 1
in fugam dare b. G. 4, 26, 6
„ „ conicere b. G. 2, 23, 2
fugae se mandare b. G. 1, 12, 3
fugam capere b. G. 7, 26, 3
„ facere b. c. 2, 3, 2
fugam parare b. G. 7, 61, 4
„ comparare b. G. 4, 18, 4
proelio congredi cum b. G. 7, 65, 2
„ confligere „ b. G. 5, 15, 1
„ contendere „ b. G. 1, 1, 4
proelio dimicare b. G. 6, 17, 3
„ decertare b. G. 1, 50, 4
„ concertare b. G. 6, 5, 3
redintegrare proelium b. G. 2, 23, 2
renovare „ b. G. 3, 20, 4
vitare proelium b. c. 1, 67, 3
defugere „ b. c. 1, 82, 2

supersedere proelio b. G. 2, 8, 1
abstinere „ b. G. 1, 22, 3
excedere proelio b. G. 2, 25, 1
„ ex proelio b. G. 4, 33, 2
leve proelium b. G. 7, 86, 1
parvulum proelium b. G. 2, 30, 1
contendere cum aliquo b. G. 1, 36, 6
„ armis cum aliquo b. G. 6, 13, 9
„ armis contra aliquem b. G. 2, 13, 2
„ proelio cum aliquo b. G. 1, 1, 4
„ copiis „ „ b. G. 5, 17, 5
„ bello „ „ b. G. 7, 67, 7
„ vi b. G. 4, 4, 4
proeliis exercitatus b. G. 2, 20, 3
pugnis „ b. c. 3, 93, 1
alacritas pugnandi b. c. 3, 37, 4
studium „ b. G. 1, 46, 4
cupiditas „ b. c. 3, 74, 2
ardere cupiditate pugnandi b. c. 3, 74, 2
„ studio pugnae b. c. 3, 90, 4
potestatem facere pugnandi b. c. 1, 41, 2
facultatem dare „ b. G. 7, 80, 8
locum „ „ b. c. 1, 68, 4
eventum pugnae exspectare b. G. 7, 49, 3
proventum „ „ b. G. 7, 80, 2
prohibere pugna b. G. 4, 11, 2
„ a pugna b. G. 4, 31, 4
excedere pugna b. G. 5, 36, 3
„ ex pugna b. G. 3, 4, 4
acriter pugnare b. c. 1, 80, 6
vehementer pugnare b. G. 8, 22, 4
acriter utrimque pugnatur b. G. 1, 50, 2
„ ab utrisque „ b. G. 4, 26, 1
fortissime pugnare b. G. 4, 37, 3
acerrime „ b. G. 5, 44, 3
fortissime atque acerrime pugnare b.
c. 1, 57, 3
acerrime fortissimeque pugnare b. G.
5, 48, 4
diu pugnare b. G. 1, 26, 4
continenter pugnare b. G. 3, 5, 1
diu atque acriter pugnare b. G. 1, 26, 1
constanter ac non timide pugnare b.
G. 3, 25, 1

instruere aciem b. G. 1, 22, 8
instituere „ b. G. 3, 24, 1
constituere „ b. G. 2, 19, 6
derigere „ b. G. 6, 8, 5

servare ordines b. G. 4, 26, 1
conservare „ b. c. 3, 93, 2

nullis ordinibus certis b. c. 3, 101, 2
incertis ordinibus b. G. 4, 32, 5

dispersi ac disdpati b. G. 5, 58, 3
diversi „ „ b. G. 2, 24, 4
rari dispersique b. c. 1, 44, 1

absistere ab signis b. G. 5, 17, 2
discedere „ „ b. G. 5, 33, 6

orbem facere b. G. 4, 37, 2
in orbem consistere b. G. 5, 33, 2

ponere arma b. G. 4, 37, 1
deponere „ b. G. 4, 32, 5

capere arma b. G. 3, 18, 7
sumere (?) arma b. G. 2, 38, 2

abicere arma b. G. 4, 15, 1
proicere „ b. G. 7, 40, 6

inermis b. G. 2, 27, 1
inermus b. G. 1, 40, 8

obtectus armis (= scutis) b. c. 3, 19, 6
protectus scuto b. G. 5, 44, 6

perfugere ad aliquem b. G. 1, 27, 3
transire „ „ b. c. 1, 60, 4
signa transferre ad aliquem b. c. 1, 24, 3

terga vertere b. G. 1, 53, 1
„ convertere b. c. 1, 80, 5

se vertere b. c. 3, 51, 2
„ convertere b. c. 1, 46, 1

recedere b. c. 2, 30, 3
se recipere b. G. 1, 25, 5
recipere (ohne „se") b. G. 1, 48, 7
se referre b. c. 1, 72, 5
pedem referre b. G. 1, 25, 5

recessum dare b. G. 5, 43, 5
receptum „ b. c. 1, 46, 2

expeditus receptus b. G. 4, 33, 2
facilis „ b. c. 1, 46, 2
celer „ b. c. 1, 59, 2

pellere ac (et) superare b. G. 1, 44, 3
„ „ proturbare b. G. 2, 19, 7
„ atque in fugam conicere b. G.1,52,6

propellere b. G. 1, 15, 3
propulsare b. G. 1, 49, 4

repellere b. G. 1, 8, 4
reicere b. G. 1, 24, 5
submovere b. G. 1, 25, 7

depellere b. G. 3, 25, 1
delcere b. G. 7, 36, 7

premere b. G. 5, 34, 2
urgere b. G. 2, 25, 1

persequi b. G. 5, 10, 1
prosequi b. G. 5, 9, 8

destituere b. G. 1, 16, 6
deserere b. G. 1, 45, 1
proicere b. c. 1, 30, 5

abscidere b. c. 3, 72, 2
secludere b. c. 3, 69, 8
abiungere b. G. 7, 56, 2
abstrahere b. c. 3, 76, 3

populari agros (fines) b. G. 1, 11, 1
depopulari „ b. G. 1, 11, 4
vastare „ b. G. 1, 11, 3
vexare „ b. G. 4, 15, 5
violare „ b. G. 6, 32, 2

deminuere b. G. 7, 31, 4
attenuare b. c. 3, 89, 1

amittere b. G. 1, 31, 6
desiderare b. c. 3, 71, 1
deperdere b. G. 3, 28, 3

detrimentum capere b. c. 3, 46, 4
„ accipere b. G. 5, 52, 6
incommodum „ b. G. 5, 10, 3
calamitatem „ b. G. 7, 90, 5

detrimentum afferre b. c. 1, 82, 2
„ inferre b. c. 3, 72, 4
incommodum afferre b. c. 3, 63, 5

concidere b. G. 2, 11; 4   ⎫
occidere b. G. 3, 19, 4   ⎬ = töten
interficere b. G. 3, 6, 2   ⎭ im Kampf

traicere b. G. 5, 35, 6
transigere b. G. 1, 25, 3
transfodere b. G. 7, 82, 1
percutere b G. 5, 44, 6
saucius b. G. 3, 4, 4
vulneratus b. G. 5, 40, 5

vulneribus confectus b. G. 2, 23, 1
,, defessus b. G. 1, 25, 5
saucios deponere b. c. 3, 78, 1
deponere qui sunt ex vulneribus aegri b. c. 3, 78, 5
recentes defessis succedunt b. G.7,25,1
integri ,, ,, b.G.7,41,2
defatigatis invicem integri succedunt b. G. 7, 85, 5
integri et recentes defatigatis succedunt b. G. 5, 16, 4
cf. integros defatigatis summittere b. c. 3. 40, 2
se reficere ex b. G. 3, 5, 3
, colligere ,, b. c. 3, 15, 1
, recipere ,, b. G. 2, 12, 1

animo deficere b. G. 7, 30, 1
se animo demittere b. G. 7, 29, 1
remisso ac languido animo esse b. c. 1, 21, 5
animi relanguescunt b. G. 2, 15, 4

res est in angusto b. G. 2, 25, 1
,, ,, ,, angustiis b. c. 1, 51, 1
,, ,, ,, magna difficultate b.c.3,15,3
,, ,, ,, magnis difficultatibus b. G. 7, 85, 1
res est in summo discrimine b. G. 6, 84, 2
res est magno in periculo b. c. 1, 79, 3
,, ,, ad extremum periculum deducta b. c. 1, 18, 3
res est ad extremum perducta casum b. G. 3, 5, 1

aequo Marte dimicare b. G. 7, 19, 3
aequo proelio discedere b. c. 3, 112, 7
pari certamine rem gerere b. c. 1, 51, 5

rem bene gerere b. G. 5, 57, 1
negotium bene gerere b. G. 3, 18, 5

dubia victoria pugnare b. G. 7, 80, 6
vario certamine ,, b. c. 1. 46. 4
superior discedere b. c. 1, 47, 1
victor ,, b. c. 3, 47, 6
victoria certa b. G. 7, 37, 3
,, explorata b. G. 5, 43, 3
,, expedita b. c. 3, 70, 2
victoria incerta b. c. 2, 32, 6
,, dubia b. G. 7, 80, 6
victoriam morari b. c. 2, 39, 5
,, detinere b. G. 7, 37, 8
victoriam parere b. G. 5, 43, 3
,, adipisci b. G. 5, 39, 4
victoria potiri b. G. 3, 24, 2
temptare fortunam b. G. 1, 36, 3
experiri ,, b. G. 1, 31, 14
periclitari ,, b. c. 1, 72, 2
bellare b. G. 3, 17, 4
bellum gerere b. G. 1, 1, 3
initium belli facere b. G. 5, 53, 4
,, ,, capere b. G. 6, 33, 5
bellum perficere b. c. 3, 18, 5
,, conficere b. G. 1, 80, 1
,, finire b. c. 3, 51, 3
bellandi finem facere b. G. 7, 66, 4
adigere aliquem iniurando b.G.7,67,1
,, iusiurandum b. c.1,76,3
conscribere legiones b. G. 1, 10, 3
conficere ,, b. c. 3, 107, 1
efficere ,, b. G. 4, 21, 4
incommodum sanare b. G. 7, 29, 5
,, sarcire b. c. 3, 73, 5
detrimentum ,, b. c. 3, 67, 2
,, reconciliare b. c. 2, 15, 4
,, resarcire b. G. 6, 1, 3
incommodum virtute explare b. G. 5, 52, 6
explere, quod deperierat b. G. 7,31,4
administrare et reficere, quae sunt amissa b. c. 2, 15, 1
adire ad periculum b. c. 2, 7, 1
ambire ,, b. G. 1, 5, 3

terror invasit b. c. 1, 14, 1
timor incessit b. c. 2, 29, 1

timoris suspicionem dare b. G. 6, 7, 8
   „ opinionem praebere b. G. 3, 17, 6

spem dimittere b. c. 1, 73, 1
   „ deponere b. G. 5, 19, 1

spe deici b. G. 1, 8, 4
   „ labi b. G. 5, 55, 3
a spe repelli b. G. 5, 42, 1

spem in virtute ponere b. G. 3, 5, 4
   „ „ „ reponere b. c. 2, 41, 3

consilium deponere b. c. 3, 100, 1
   „ omittere b. G. 2, 17, 5
consilio desistere b. G. 7, 26, 5

consilium capere b. G. 3, 24, 1
   „ inire b. G. 6, 81, 5
cf. consilio uti b. G. 1, 5, 4

occasioni deesse b. c. 3, 79, 1
occasionem praetermittere b. c. 3, 25, 1
   „ dimittere b. c. 3, 25, 4
   „ amittere b. G. 3, 18, 5

occasionem reperire b. c. 3, 85, 4
   „ nancisci b. c. 3. 85, 2

condiciones subire b. G. 7, 78, 9
   „ accipere b. G. 2, 15, 6
condicione uti b. G. 4, 11, 8

extremum agmen b. c. 1, 64, 1
novissimum „ b. c. 1, 63, 3
novissimi b. c. 1, 64, 1

agmen claudere b. G. 1, 25, 6
novissimum agmen claudere b. c. 1, 79, 1

novissimum agmen demorari b. c. 3, 75, 3
novissimos detinere b. c. 3, 75, 4

primum agmen b. G. 1, 15, 5
primi b. G. 5, 32, 2

commodum iter b. c. 3, 97, 3
expeditum „ b. c. 3, 30, 4

iter efficere b. c. 3, 102, 1
   „ conficere b. G. 4, 4, 5

accelerare iter b. c. 2, 39, 6
maturare „ b. c. 1, 63, 1

patefacere vias b. G. 7, 8, 2
   „ iter b. G. 3, 1, 2
munire iter b. G. 7, 58, 1

praeoccupare vias b. G. 7, 26, 5
   „ iter b. c. 3, 13, 5

consistere b. G. 4, 26, 2
resistere b. G. 7, 35, 2
subsistere b. G. 1, 15, 8

in itinere resistere b. G. 5, 11, 1
   „ „ subsistere b. c. 2, 41, 3

triduI viam procedere b. G. 1, 39, 1
   „ „ proficere b. G. 1, 88, 1
   „ „ progredi b. G. 4, 4, 5

sine ullo maleficio iter facere per b. G.
   1, 7, 8
sine maleficio et iniuria transire b. G.
   1, 9, 4

nullam partem noctis iter intermittere
   b. G. 1, 26, 5
tota nocte continenter ire b. G. 1, 26, 5

die ac nocte continuare iter b. c. 3, 36, 3
continuare nocte ac die iter b. c. 3, 11, 1
noctem diei coniungere b. c. 3, 13, 2
magna diurna nocturnaque itinera conficere b. G. 7, 56, 3
magnis nocturnis diurnisque itineribus
   contendere b. G. 1, 38, 7
diurnis nocturnisque itineribus contendere b. c. 3, 13, 1
neque diurnum neque nocturnum iter
   intermittere b. c. 7, 9, 4

cogere b. G. 1, 4, 2 ⎫
conducere b. G. 1, 4, 2 ⎪
contrahere b. G. 1, 34, 3 ⎬ Objekt:
colligere b. G. 5, 46, 4 ⎪ Truppen
conquirere b. G. 7, 31, 4 ⎭

manum facere b. c. 3, 9, 6
   „ cogere b. G. 2, 2, 4
   „ conducere b. G. 5, 27, 8

delecti milites b. c. 3, 24, 1
electi „ b. c. 3, 91, 3

praeficere b. G. 1, 10, 3
praeponere b. G. 1, 54, 2

summa imperii b. G. 2, 23, 4
 „ belli b. G. 2, 4, 7

permittere alicni summam imperii b. G. 5, 11, 8
tradere alicui summam imperii b. G. 7, 20, 5
deferre alicui summam imperii b. G. 2, 4, 7

aliquo imperante b. G. 7, 17, 5
 „ duce b. G. 2, 23, 4
obtemperare imperio b. G. 4, 21, 5
parere   „   b. G. 5, 2, 1
parere atque imperata facere b. c. 8, 81, 2

non parere b. G. 5, 7, 7
imperium neglegere b. G. 5, 7, 7
dicto non audientem esse b. G. 1, 89, 7

praecipit quae (quid) fieri velit b. G. 5, 56, 5
edocet   „   „ b. G. 8, 18, 2
ostendit „   „ „ b. G. 8, 26, 1
imperat   „ „ b. G. 7, 16, 2

locum deserere b. G. 2, 25, 1
 „ relinquere b. G. 8, 95, 4
loco cedere b. G. 7, 62, 7
 „ excedere b. c. 1, 44, 2
ex loco recedere b. G. 5, 43, 6
ab „ discedere b. G. 5, 34, 1
se „ movere b. c. 3, 92, 1
se ex loco commovere b. G. 3, 15, 3

loco movere b. c. 3, 93, 8
 „ depellere b. G. 7, 49, 2
 „ deicere b. G. 7, 51, 1

se loco tenere b. c. 3, 94, 1
„ „ continere b. 4, 31, 2

aequus locus b. G. 3, 17, 7
opportunus locus b. G. 5, 32, 1
expeditus „ b. c. 1, 27, 6

alienus locus b. G. 1, 15, 2
iniquus „ b. G. 2, 10, 4

locus egregie et natura et opere munitus b. G. 5, 9, 4
locus egregie natura atque opere munitus b. G. 5, 21, 4

oppidum et natura loci et manu munitum b. G. 3, 23, 2
oppidum et loci natura et colle munitum b. c. 3, 9, 2
oppida non munitione et loci natura ab omni periculo tuta b. G. 7, 14, 9

copiae integrae b. c. 3, 47, 8
 „ incolumes b. G. 5, 21, 1

copiae ampliores b. G. 5, 19, 1
 „ maiores b. G. 5, 11, 8

copiae exiguae b. G. 2, 69, 3
 „ mediocres b. c. 2, 38, 1

copias collocare b. G. 7, 38, 2
 „ constituere b. G. 1, 51, 2

copias educere castris b. G. 1, 51, 2
 „ „ e castris b. G. 1, 50, 1

in statione ponere b. c. 3, 94, 6
„ „ collocare b. G. 5, 15, 3

praesidium collocare b. G. 1, 38, 7
 „ constituere b. G. 7, 7, 4
 „ ponere b. G. 2, 5, 6

usus militaris b. G. 6, 39, 2
 „ rei militaris b. G. 6, 40, 6

longius progredi b. G. 1, 50, 1
 „ prodire b. G. 1, 48, 7
 „ procedere b. G. 4, 11, 4

de finibus exire b. G. 1, 2, 1
e „ „ b. G. 1, 5, 1

praegredi cum equitibus b. c. 2, 19, 1
antecedere „ equitatu b. c. 2, 24, 2

praemittere equitatum b. G. 1, 15, 1
antemittere equites b. c. 1, 51, 4

auxilio submittere b. G. 7, 81, 6
subsidio „ b. G. 5, 58, 5

auxilium ferre b. G. 1, 18, 6
subsidium „ b. G. 2, 26, 2
opem „ b. c. 1, 79, 8

auxilium rogare b. G. 1, 11, 2
 „ petere b. G. 1, 82, 1
 „ implorare b. G. 1, 31, 7
 „ postulare b. G. 1, 81, 8

commilito b. c. 3, 71, 4
commiles b. c. 2, 29, 4

aquilifer b. G. 5, 37, 5
qui aquilam fert b. G. 4, 25, 3

primipilus b. G. 2. 25, 1
primipili centurio b. G. 3, 5, 2

primi ordines b. G. 5, 30, 1
primorum ordinum centuriones b. G. 1, 41, 3

equos producere b. G. 7, 12, 3
iumenta . b. G. 7, 11, 2

onera ferre b. G. 3, 19, 2
. portare b. c. 1, 78, 2

in deditionem accipere b. G. 1, 28, 2
. . recipere b. G. 3, 21, 3

traducere b. G. 1, 13, 1
traicere b. c. 1, 40, 4
transvehere b. c. 3, 29, 4 } Objekt: Truppen
transportare b. G. 1, 37, 2
transmittere b. G. 7, 61, 2

transire flumen b. G. 1, 12, 1
transgredi . b. G. 2, 19, 4

aliquem in numero hostium habere b. G. 1, 28, 1
aliquem numero hostium habere b. G. 6, 6, 3
aliquem in hostium numero ducere b. G. 6, 32, 1

inimicitias habere cum aliquo b. c. 3, 16, 3
. gerere . b. c. 1, 3, 4

petere amicitiam b. G. 1, 44, 5
appetere . b. G. 1, 44, 5
accedere ad amicitiam b. c. 1, 48, 4
se aggregare ad amicitiam b. G. 6, 12, 6

se coniungere cum b. G. 1, 37, 4
coniungi cum b. G. 6, 12, 7

praesentem adesse b. G. 7, 62, 2
coram adesse b. G. 1, 32, 4

se potestati alicuius permittere b. G. 2, 31, 3

se in potestatem alicuius permittere b. G. 2, 3, 2

rem publicam gerere b. c. 1, 7, 6
. . administrare b. G. 6, 20, 1

posthabere omnia b. c. 3, 33, 1
postponere . b. G. 6, 7, 6

in virtute spes salutis consistit b. G. 2, 33, 4
in virtute salus posita est b. G. 3, 21, 1

servare b. G. 5, 19, 1
observare b. G. 7, 16, 3 } = beobachten
asservare b. c. 1, 21, 2

moram interponere b. G. 4, 9, 3
. intericere b. c. 3, 69, 1

usum habere in re militari b. G. 1, 39, 2
. . . castris b. G. 1, 39, 5

cogere naves b. G. 4, 22, 3
contrahere naves b. G. 4, 22, 3
conquirere . b. c. 1, 30, 1

facere naves b. G. 3, 13, 1
aedificare naves b. G. 3, 9, 1
instituere . b. G. 5, 11, 4

armare naves (navem) b. G. 3, 13, 1
adornare naves b. c. 1, 26, 1 cf. navis ornatissima b. G. 3, 14, 2
instruere naves b. G. 5, 2, 2

solvere b. G. 4, 23, 1
. naves b. G. 4, 36, 3

deligare naves ad terram b. c. 3, 39, 2
religare . . b. c. 3, 15, 2

consistere in ancoris b. c. 3, 28, 1
. ad ancoram b. c. 3, 102, 4

dirigere cursum ad b. c. 3, 25, 4
. vela . b. c. 2, 25, 6

cursum perficere b. c. 2, 8, 8
. conficere b. c. 3, 28, 1

cursus incitatus b. G. 2, 26, 3
. magnus b. G. 3, 19, 1

cursu concitatus b. c. 1, 70, 4
. incitatus b. c. 1, 79, 4

— 42 —

citare equum b. c. 3, 96, 3
incitare „ b. G. 4, 12, 6
admittere equum b. G. 1, 22, 2

in conspectu alicuius b. G. 1, 11, 3
sub oculis „ b. G. 5, 16, 1
inspectante aliquo b. G. 7, 25, 1

in conspectu esse b. c. 2, 26, 2
„ prospectu „ b. G. 5, 10, 2

de improviso b. G. 2, 3, 1
ex „ b. c. 3, 79, 3
improviso b. G. 1, 13, 5

imperfecta re b. G. 6, 12, 5
infecta re b. G. 7, 17, 5

comperire ex aliquo b. G. 1, 22, 1
„ per aliquem b. G. 4, 19, 2
invenire ex aliquo b. G. 2, 16, 1
cognoscere ex aliquo b. G. 2, 17, 2
„ ab „ b. G. 5, 18, 4
„ per aliquem b. G. 1, 22, 4

facultatem dare alicuius rei b. G. 1, 32, 5
„ tribuere „ b. c. 1, 5, 1
„ dare ad aliquam rem b. G. 1, 38, 4
facultatem dimittere b. c. 1, 28, 2
„ praetermittere b. c. 2, 33, 5
virtute praecedere aliquem b. G. 1, 1, 4
„ praestare alicui b. G. 1, 2, 2
„ praeferri „ b. G. 5, 54, 6
in officio tenere aliquem b. G. 5, 54, 1
„ „ continere „ b. G. 3, 11, 2
res longius ducitur b. G. 7, 11, 4
res producitur b. c. 1, 83, 3
defectio b. c. 2, 13, 3
alienatio b. c. 2, 31, 4
deficere ab b. G. 2, 14, 3
desciscere ab b. c. 1, 60, 5
famem tolerare b. G. 1, 28, 3
„ sustentare b. G. 7, 17, 3
ad unum b. c. 3, 14, 3
„ „ omnes b. G. 4, 15, 3

V. Über die Identität des Verfassers des VIII. Buches de bello Gallico und des bellum Alexandrinum.

Seit Nipperdey in den seiner trefflichen Cäsarausgabe vorangeschickten „quæstiones Cæsarianæ“ dem Hirtius die Autorschaft des bellum Alexandrinum vindiziert hat, sind gegen die Identität der Verfasser des VIII. Buches de bello Gallico und des bellum Alexandrinum nur gelinde Zweifel erhoben worden. Meines Wissens hat sich zuletzt mit dieser Frage Ed. Fischer beschäftigt, welcher „eine Vergleichung beider Schriften in einigen allgemeinen Beziehungen“, sowie „eine teilweise Ergänzung und Fort-

setzung der von Nipperdey und Vielhaber angebahnten sprachlichen Erörterungen" versuchte [141]. Fischer gelangt in seiner
übrigens recht hübschen Studie zu keinem bestimmten Resultat
und schliesst mit Vielhabers Worten: „Es ist noch nicht erwiesen, dass beide Kommentare von demselben Verfasser stammen".

Von Nipperdey bis Fischer haben alle Gelehrten, welche
diesem Gegenstand ihre Aufmerksamkeit schenkten, die militärische Terminologie und Phraseologie, welche doch bei dem
durchaus kriegsgeschichtlichen Charakter der beiden Kommentare
entscheidend sind, zu wenig berücksichtigt. Bei einer Vergleichung derselben müssen von vornherein alle Faktoren in Rech-
nung gebracht werden, welche eine Verschiedenheit des Stils
bedingen: so namentlich der Umstand, dass im bellum Alexandrinum der Schauplatz der Ereignisse, mithin auch die Gegner
der Römer, sowie ihre Taktik, wechseln (Ägypten, Pontus, Illyri-
cum, Spanien), während das VIII. Buch des gallischen Kriegs
uns nur Kämpfe der Römer gegen Gallier in Gallien vorführt;
ferner können nicht in Betracht kommen sämtliche auf das See-
wesen bezüglichen Termini, welche im bellum Alexandrinum in
grosser Auswahl, im VIII. Buch de bello Gallico dagegen gar
nicht vorhanden sind. Die Untersuchung wurde selbstverständlich bedeutend erleichtert durch das verdienstvolle Speciallexikon
von Preuss [143].

Wir heben zunächst die wichtigeren Termini und Phrasen
hervor, die sich in beiden Büchern finden:

accedere propius
acriter proeliari
adiungere alicui aliquem
agere vineas
aggredi
arma proicere
in armis esse
arcessere } auxilia
adducere
auxilium ferre
bellum gerere
   " inferre
   " conflare
calamitatem accipere
castra facere
   " ponere
   " munire

castra castris conferre
claudere munitionibus (Objekt: Ort)
cogere in unum locum exercitum
collocare in vallo (Objekt: Truppen)
conficere = 1) aufbringen 2) niederhauen
celeriter rem conficere
confligere
consumere dies in (aliquo loco)
magna contentione (kämpfen)
se demittere animis
detrimentum accipere
disponere in insidiis
   " in statione
efficere opus
excipere = angreifen (von der Reiterei)
facultatem dare alicuius rei
in fidem recipere

frangi = matlos werden

frumentari

impetum facere in aliquem

imperata facere

impugnare

infestum

instruere aciem

    , copias

intercipere commeatus (um)

iter facere

magnum iter

latrocinium

instruere exercitum

natura loci munitus

opportunitas loci

pabulari

permanere in sententia

in potestatem venire alicuius

in potestatem redigere

premi aliqua re

praelium committere

    , facere

    , inire

secundum praelium

prohibere aqua aliquem

propugnator

rem bene gerere

rem feliciter gerere

signum dare

instinere impetum (um)

tabulatum

traicere = durchbohren

transire flumen

Diese lange Reihe könnte auf den ersten Blick imponieren. In Wirklichkeit sind aber von diesen Termini und Phrasen weitaus die meisten so sehr Gemeingut aller römischen Historiker, dass nur etwa der fünfte Teil als wirkliches Beweismaterial für die Identität der Verfasser des VIII. Buches de bello Gallico und des bellum Alexandrinum ins Feld geführt werden könnte.

Zu den Verschiedenheiten übergehend, heben wir in erster Linie als sehr auffällig hervor, dass der Verfasser des bellum Gallicum VIII ausschliesslich obsessio (8, 14, 1. 8, 34, 1), der Verfasser des bellum Alexandrinum dagegen nur obsidio (61, 2. 61, 6) braucht. Bei Cäsar selbst finden sich beide Termini und zwar in einem und demselben Buch z. B. b. G. 7, 32, 6 (obsidio) — b. G. 7, 36, 4 (obsessio). Ähnlich steht bei Tacitus nebeneinander obsidio (ann. 3, 20) und obsidium (ann. 3, 21).

Von den beliebten Ausdrücken, in welchen statt der Bewegungen der Truppen die entsprechenden Bewegungen der Feldzeichen gesetzt werden, macht nur der Verfasser des b. Al. Gebrauch: inferre signa (54, 2) — tollere signa (57, 1). Ebenso findet sich die Verbindung von signa und ordines nur in b. Al. 20, 3 (sine signis certisque ordinibus).

Merkwürdigerweise fehlt im b. G. VIII ganz das Wort pugna (im b. Al. 3 mal); ebenso vermissen wir expugnare (b. Al. 6 mal) und propugnare (b. Al. 3 mal), während das Substantivum propugnator in beiden Kommentaren vorkommt. Cupiditas pugnandi (20, 2. 22, 2) und studium pugnandi (31, 3), facultas pugnandi

(16, 2), pugnandi signum dare (45, 3), sowie acriter pugnare (40, 1. 62, 3) und acerrime pugnare (31, 2) sind ebenfalls nur dem b. Al. eigen.

Für das im b. G. VIII gänzlich fehlende pugna treten ein: prœlium, certamen, dimicatio, contentio und Mars, von denen die drei ersteren auch im b. Al. vorkommen; aber auch bei diesen lassen sich mit Bezug auf die Attribute und anderweitige Verbindungen Verschiedenheiten genug konstatieren. So braucht z. B. nur der Verfasser des b. Al. bei prœlium die Attribute par (20, 3) und impar (29, 2), während par im b. G. VIII in Verbindung mit Mars (8, 19, 2) und contentio (8, 19. 3) vorkommt. Charakteristisch ist auch der Unterschied in den auf die Beendigung des Treffens sich beziehenden Phrasen:

dirimere prœlinm b. Al. 11, 5. 46, 7. 63, 6   conficere prœlium b. G. 8, 26, 4
finem facere prœlii b. G. 8, 43, 3

Certamen findet sich in beiden Kommentaren, hingegen certare nur im b. Al. (29, 3. 55, 5); ebenso kommt nur im b. Al. certare prœlio (29, 3) vor, im b. G. VIII dagegen nur contendere prœlio (8, 47, 1). Contentio im Sinn von Kampf ist eine Specialität des b. G. VIII (8, 19, 2). Mit dimicatio sind folgende Phrasen gebildet:

dimicationi rem committere b. Al. 46, 1   dimicationem recusare b. G. 8, 18, 12
a dimicationibus continere aliquem b.   sine dimicatione b. G. 8, 11, 1. 8, 21, 2
   Al. 22, 2
dimicationem æquare b. Al. 46, 4
   „   conficere b. Al. 25, 3

In beiden Büchern werden tela der verschiedensten Art erwähnt; bemerkenswert ist aber, dass nur im b. G. VIII Verba des Werfens mit tela als Objekt vorkommen, z. B.:

tela iacere 8, 41, 0   tela conicere 8, 14. 5. 8, 19, 8
tela mittere 8, 14, 5   tela permittere 8, 9, 4

Arma in seinen verschiedenen Bedeutungen und Verbindungen ist reicher vertreten im b. G. VIII als im b. Al.:

arma capere b. Al. 75, 1   arma ferre 8, 44, 1
in armis teneri b. Al. 74, 1   arma ferre posse 8, 7, 4
   discedere ab armis 8, 52, 4
   in armis permanere 8, 45, 2

Überdies findet sich auch nur im b. G. VIII arma in übertragener Bedeutung:

   1) = Waffenmacht 8, 52, 4
   2) = Kampf, Krieg 8, 47, 2. 8, 49, 1

Für Stoss oder Hieb finden wir:

plaga b. Al. 52, 4   ictus b. G. 8, 23, 5

Vulnus und vulnerare sind beiden Kommentaren gemeinsam; doch finden sich nur im b. G. VIII daneben Ableitungen und Wendungen wie:

vulneratio 8, 7, 4   sine vulneribus 8, 40, 4
vulnus imponere 8, 48, 3   sine ullo vulnere 8, 37, 1
vulnere affici 8, 23, 6

Das b. Al. weist dagegen sauciare auf (52, 4).

Nur vom Verfasser des b. Al. werden gebraucht:

occidere 4, 2. 57, 1 — ingulare 46, 5 — figere (telis) 30, 6 — configere (legionem) 40, 2;

umgekehrt nur vom Verfasser des b G. VIII:

exanimare 8, 38, 5 — percutere (lcm) 8, 23, 5.

Das b. Al. ist relativ reich an Termini, welche sich auf das Zurückwerfen des Feindes beziehen, z. B.: depellere 19,3. 62, 3; detrudere 76, 1; gradu pellere 76, 2; redigere 19, 3; repellere 20, 2, 20, 4. 21, 2. 30, 6. Diesen fünf Verben steht im b. G. VIII einzig summovere (8, 10, 2) entgegen. Beiden gemeinsam ist pellere.

Umgekehrt weist das b. G. VIII mehr Ausdrücke für „angreifen" auf, z. B.: adoriri 8, 34, 4; advolare 8, 36, 3; impressionem facere in 8, 6, 2; instare 8, 14, 3; invadere 8, 27, 5; incursus 8, 18, 4; incursio 8, 3, 2. 8, 11, 2. Im b. Al. finden sich: involare ad aliquem 52, 4; infestare munitiones 3, 1; eruptionem facere 27, 5; concurrere 40, 1. 46, 2. 46, 3. — Aggredi ist beiden gemeinsam.

Castra kommt im b. Al. in mehr Verbindungen vor als im b. G. VIII:

castra conlungere cum aliquo b. Al 64, 1   castra metari b. G. 8, 15, 2
  „ movere b. Al. 67, 6   „ demittere (ad ripas fluminis) 8, 36, 3
  „ transferre b. Al. 60, 5
  „ vallare b. Al. 27, 5. 30, 2
  „ habere ad b. Al. 67, 1

Statt castra finden wir im b. Al. auch præsidia (23, 1. 33, 2. 63, 2).

Umgekehrt herrscht im b. G. VIII grössere Mannigfaltigkeit in den Phrasen, in welchen bellum als Objekt vorkommt:

bellum conicere b. Al. 56, 2. 77, 1   bellum parare 8, 2, 2. 8, 24, 1
  ,   instaurare b. Al. 42, 5   ,   suscipere 8, 22, 1. 8, 49, 2
                             ,   concitare 8, 22, 2
                             ,   relinquere 8, 49, 2
                             ,   persequi 8, 1, 2

Ausserdem finden sich nur im b. G. VIII das Verbum bellare (8, 1, 1) und das Adjektivum bellicosus (8, 24, 1).

Bemerkenswert ist das gänzliche Fehlen des Wortes subsidium im b. G. VIII, während der Autor des b. Al. es sowohl in der allgemeinen Bedeutung von Hilfe (11, 2. 25, 6 subsidium ferre, 21, 3 subsidio mittere, 59, 2 subsidio venire), als auch in der speciell taktischen von Reserve (14, 2. 37, 4. 38, 1. 39, 2) braucht.

Agmen kommt im b. Al. ein einziges Mal vor und zwar in der Bedeutung von Marsch (43, 2 in agmine dimicare = in itinere), im b. G. VIII dagegen in der gewöhnlichen Bedeutung von Heereszug 12 mal; natürlich finden sich auch nur in letzterem die Termini: agmen quadratum 8, 8, 4 — agmen cogere 8, 8, 3 — agmen explicare 8, 14, 2.

Ein ähnliches Verhältnis ergiebt sich für impedimenta = Gepäck: im b. G. 10 mal, im b. Al. nur 1 mal (73, 2); sarcinæ findet sich bloss im b. G. VIII (sub sarcinis aggredi 8, 27, 5).

Umgekehrt kommt aciem instruere im b. Al. 8 mal, im b. G. VIII nur 1 mal (8, 29, 1) vor, wie überhaupt die mit acies gebildeten Phrasen in ersterem Kommentar reicher vertreten sind:

aciem derigere b. Al. 37, 4   aciem constituere 8, 14, 5
   ,   disponere b. Al. 45, 4   in acie permanere 8, 15, 1
   ,   producere b. Al. 38, 3   instructæ velut in acie legiones 8, 9, 1
   ,   administrare b. Al. 1, 5   in aciem prodire 8, 8, 1
in acie configere b. Al. 74, 8
in acie vincere (vinci) b. Al. 74, 3. 56, 1
in aciem educere b. Al. 39, 1. 60, 1. 60, 5

Die Angabe der Zahl der Treffen und die Einteilung der Schlachtordnung in media acies, dextrum und sinistrum cornu fehlt im b. G. VIII, zum Teil wegen mangelnder Treffentaktik der Gallier, ganz.

Ausser den schon genannten Termini, welche in dem einen der beiden Kommentare aussergewöhnlich oft, in dem anderen dagegen selten vorkommen, erwähne ich noch speciell:

bell. Alex.	*bell. Gall. VIII*
equites (c. 16 mal)	equites (c. 33 mal)
milites (c. 62 mal)	milites (c. 9 mal)
pedites (2 mal)	pedites (c. 12 mal)
obtinere (14 mal)	obtinere (1 mal)
tenere (14 mal)	tenere (2 mal)
occurrere (8 mal)	occurrere (1 mal)

Im Ferneren mache ich aufmerksam auf Verschiedenheiten in Phrasen, welche bei gleichem Verfasser wahrscheinlich auch gleich lauten würden, z. B.:

bell. Alex.	*bell. Gall. VIII*
discedere ab oppugnatione 44, 5	recedere ab oppugnatione 8, 40, 1
in consilio remanere 44, 4	in consilio permanere 8, 39, 1
rapinis ferro flammaque consumi 60, 1	credibus incendiis rapinis vastari 8, 25, 1
terrorem afferre 14, 4. 75, 1	terrorem inferre 8, 52, 4
necessitatem iniungere alicui 44, 4	necessitatem imponere alicui 8, 49, 2
capere locum 16, 8. 61, 2	deligere locum 8, 7, 7. 8. 7, 4
coercere aliquem 33, 4. 67, 1	continere aliquem 8, 40, 4. 8, 54, 5
neque opinans 63, 5. 73, 2. 75, 1	imprudens 8, 19, 3. 8, 86, 3

Im Folgenden zähle ich eine ganze Reihe von Wörtern auf, deren gänzliches Fehlen im einen, und mehr oder weniger häufiges Vorkommen im anderen Kommentar die grössten Bedenken gegen die Identität der Verfasser erregt. Hiebei wird ganz abgesehen von solchen, die nur einmal im b. Al. oder b. G. VIII gebraucht werden:

bell. Alex.	*bell. Gall. VIII*
adversus = mit der Vorderseite zugewandet, gegenüber befindlich (7 mal)	aestiva (3 mal)
aversus = im Rücken (2 mal)	collocare legiones = einquartieren, stationieren (5 mal)
angustiae (4 mal)	comparare = herbeischaffen, rüsten (3 mal)
apertum latus (2 mal)	in conspectum venire (5 mal)
magnum proelium comminus facere (2 mal)	contemnere paucitatem (3 mal)
concurrere = zusammenstossen (3 mal)	convenire in unum locum (3 mal)
se conferre (6 mal)	convertere equum (2 mal)
conficere bellum (2 mal)	cuniculus (2 mal)
conficere iter (2 mal)	deditio (3 mal)
conscribere (3 mal)	deprimere fossam (2 mal)
conserere manum (2 mal)	descensus (2 mal)
contio (4 mal)	devincere (4 mal)
custodiae / custodia } (3 mal)	diffugere (3 mal)
se dedere (3 mal)	disiectus = zerstreut, vereinzelt (3 mal)
depellere (3 mal)	dimittere in omnes (plures) partes (3 mal)
descendere (3 mal)	dividere (Objekt: Truppen, 2 mal)

bell. Alex.	*bell. Gall. VIII*
desiderare = vermissen (2 mal)	elicere (8 mal)
diripere (4 mal)	equestre proelium (4 mal)
disciplina (4 mal)	equus (9 mal)
editus = hoch (7 mal)	evitare (3 mal)
educere in aciem (3 mal)	explorare (2 mal) cf. exploratum habere
electus (2 mal)	aliquid (1 mal)
emittere (8 mal)	explorator (2 mal)
excludere (2 mal)	finem facere alicuius rei (2 mal)
expedire (3 mal)	frumentaria res (9 mal)
expugnare (6 mal)	hibernare (2 mal)
festinare (2 mal)	hiemare (2 mal)
frons (3 mal)	importare frumentum (2 mal)
hostilis (8 mal)	incursio (2 mal)
incolumis (5 mal)	interponere (8 mal)
iniquitas loci (8 mal)	obsides dare (9 mal)
intercludere (7 mal)	pabulatio (4 mal)
laborare (2 mal)	pabulator (2 mal)
legionarius (4 mal)	percellere (8 mal)
militaris (6 mal)	praefectus (7 mal)
movere (3 mal)	magna praeda potiri (8 mal)
negotium (5 mal)	praemittere (4 mal)
se parare (3 mal)	recedere (2 mal)
pedestres copiae (4 mal)	renuntiare (2 mal)
periclitari (3 mal)	speculari (2 mal)
planus (3 mal)	spoliare (2 mal)
potestas = Möglichkeit, Gelegenheit	testatus = augenfällig (2 mal)
(8 mal)	turma (7 mal)
praecipitare (3 mal)	
praeesse (8 mal)	
receptus (subst. 8 mal)	
reliquias colligere (2 mal)	
repellere (4 mal)	
scutum (3 mal)	
sumministrare (2 mal)	
tergum (2 mal)	
tribunus (militum 3 mal)	
vallare castra (2 mal)	
vernaculus (5 mal)	
veteranus (6 mal)	

Von beiden Verfassern werden gebraucht, aber mit ganz verschiedener Bedeutung:

bell. Alex.	*bell. Gall. VIII*
aequare = gleichmachen (dimicationem 46, 4)	aequare = gleichkommen (turris moenibus 8, 41, 5)
agger = Damm-Material, Erdschutt (6 mal)	agger = Wall, Schanze (3 mal)

bell. Alex.	bell. Gall. VIII
ascensus = das Hinaufsteigen (8, 6)	ascensus = Zugang, Aufstieg (2 mal)
auctor = Gutheisser, Zustimmer (23, 2)	auctor = Veranlasser, Urheber, Anstifter, Leiter (4 mal)
percutere (foedus 44, 1)	percutere (caput 8, 23, 6)
producere = weiter führen (aciem 38,3)	producere = fortlocken (8, 48, 3)
stipendium = Sold, Löhnung (2, 2)	stipendium = Dienstjahr, Feldzug (8, 8, 2)

Diese Statistik, welche auf weitere in beiden Büchern je weilen nur einmal und zufällig vorkommende Wörter und Phrasen auszudehnen unnütz sein würde, dürfte genügen, die bisher vorherrschende Ansicht von der Identität der Verfasser des bellum Gallicum VIII und des bellum Alexandrinum zu erschüttern. Selbstverständlich ist damit die Personenfrage nicht erledigt; in Beziehung auf das bellum Alexandrinum wird sie schwerlich jemals mit Sicherheit beantwortet werden können [81]; für das bellum Gallicum VIII halten wir unbedenklich an der Person des Hirtius fest.

Anmerkungen.

[1] H. Delbrück, die röm. Manipulartaktik, Hermes XV pag. 239—264. — Vergleiche auch von demselben Verfasser: Die Manipularlegion und die Schlacht bei Cannæ, Hermes XXI pag. 65—90. Die Perserkriege und die Burgunderkriege nebst einem Anhang über die röm. Manipulartaktik (Berlin 1887).

[2] Rüstow, Heerwesen und Kriegführung Cäsars (2. Auflage, Nordhausen 1862), pag. 45.

[3] Cæsar bell. Gall. 5, 15, 3—4: at illi intermisso spatio, imprudentibus nostris atque occupatis in munitione castrorum, subito se ex silvis ejecerunt impetuque in eos facto, qui erant in statione pro castris collocati, acriter pugnaverunt, duabusque missis subsidio cohortibus a Cæsare, atque his primis legionum duarum, cum hæ perexiguo intermisso loci spatio inter se constitissent, novo genere pugnæ perterritis nostris per medios audacissime perruperunt seque inde incolumes receperunt.

[4] Rüstow a. a. O., pag. 86.

[5] Cæsar bell. Gall. 5, 32, 2.

[6] Cæsar bell. Gall. 5, 33, 1.

[7] Cæsar bell. civ. 3, 92, 1—2.

[8] Cæsar bell. Gall. 2, 25, 1: ubi suos urgeri signisque in unum locum collatis duodecimæ legionis confertos milites sibi ipsos ad pugnam esse impedimento vidit. bell. civ. 1, 71, 5: Afranianos contra multis rebus sui timoris signa misisse: quod suis non subvenissent, quod de colle non decederent, quod vix equitum incursus sustinerent collatisque in unum locum signis conferti neque ordines neque signa servarent.

[9] z. B. von Polybius 3, 73. 11, 22. 15, 9. 18, 24 u. a. m.

[10] z. B. von Polybius 2, 30. 3, 73. 11, 23. 18, 24 u. a. m.

[11] Livius 8, 8, 5.

[12] Livius 8, 8, 6.

[13] Polybius 15, 9: τὰ δὲ διαστήματα τῶν πρώτων σημαιῶν ἀνεπλήρωσε ταῖς τῶν γροσφομάχων σπείραις. — σημαία und σπεῖρα sind bei Polybius (6, 24) identische Bezeichnungen für den Manipel. Damit soll nicht gesagt sein, dass es administrative Manipel der velites gab; aber taktisch kamen die zusammengezogenen velites der sich entsprechenden Manipel der hastati, principes und triarii (3 × 40) einem Manipel der Schwerbewaffneten (120) gleich. Ein Zusammenziehen derselben in den Intervallen der Front vor Beginn der Schlacht war aber zur Zeit der ausgebildeten Manipularlegion absolut notwendig, wenn das Ausschwärmen rasch und gleichzeitig — die Gleichzeitigkeit wird von den Quellen vorausgesetzt — vor sich gehen sollte.

[4] Cæsar bell. Gall. 1, 24, 2.

[5] Cæsar bell. Gall. 1, 51, 1.

[6] Cæsar bell. Gall. 4, 22, 3—4. 5, 8, 2.

[7] Cæsar bell. civ. 3, 2, 2. 3, 6, 2.

[8] Cæsar bell. civ. 3, 46, 2.

[9] bell. Afric. 12, 3. 13, 2.

[10] bell. Afric. 81, 1.

[11] z. B. Cæsar bell. Gall. 7, 85, 4. 8, 17, 2. 6, 19, 2, bell. civ. 2, 34, 2. bell. Afric. 20, 1. 60, 4. 81, 1 u. a. m.

[12] Cæsar bell. Gall. 3, 24, 1.

[13] Cæsar bell. civ. 1, 83, 2.

[14] Cæsar bell. civ. 3, 88, 1. 3, 89, 3.

[15] Polybius 14, 8.

[16] Onosander 19, 1.

[17] Plutarch Antonius 41.

[18] Frontin 2, 3. 17.

[19] Vergleiche z. B. Livius 29, 2, 6: id modo hostium imitati sunt, ut inter legiones et ipsi patentis equiti relinquerent vias.

[20] bell. Alexand. 39, 2.

[21] Appian bell. civ. 2, 75. Das μικρόν ist so wenig zu urgieren, wie das „perexiguo intermisso loci spatio" bei Cäsar (bell. Gall. 5, 15, 4), und das „modicum spatium" oder „modicum intervallum" des Livius (8, 8, 5. 30, 33, 6).

[22] Cæsar bell. Gall. 2, 12, 1.

[23] bell. Afric. 13, 2: interim Cæsar aciem dirigit simplicem, ut poterat propter paucitatem.

[24] Siehe: Fröhlich, Beiträge zur Geschichte der Kriegführung und Kriegskunst der Römer. pag. 36—37 (Berlin 1886).

[25] Siehe: Fröhlich a. a. O., pag. 37, Anmerk. 6.

[26] bell. Afric. 12—19.

[27] Cæsar bell. Gall. 3, 24, 1.

[28] bell. Afric. 41, 2 quadruplici acie instructa ex instituto suo.

[29] Cæsar bell. civ. 3, 89, 4, bell. Afric. 81, 1.

[40] Cæsar bell. civ. 1, 83, 2.

[41] Cæsar bell. civ. 1, 83, 1.

[42] bell. Alexand. 37, 4.

[43] Siehe oben zu Anmerkung 39.

[44] Cæsar bell. Gall. 1, 52, 7.

[45] Cæsar bell. civ. 3, 93, 2.

[46] Cæsar bell. civ. 3, 94, 1—2.

[47] Cæsar bell. Gall. 1, 25, 7.

[48] Cæsar bell. civ. 1, 45, 7.

[49] Cæsar bell. civ. 1, 45. 8.

[50] Cäsar kann auf dem Bergkamm nur 3 Kohorten nebeneinander aufstellen (bell. civ. 1, 45, 4).

[51] Cäsar bell. civ. 3, 94, 1—2: eodem tempore tertiam aciem Cæsar .... procurrere iussit. Ita cum recentes atque integri defessis successissent cet. — Vergleiche namentlich auch Livius 27, 12, 14—15: cedere inde ab Romanis dextra ala et extraordinarii cœpere. Quod ubi Marcellus vidit, duodevicensi-

mam legionem in primam aciem inducit. Dum alii trepidi cedunt, alii segniter
subeunt cet. 35, 5, 6: secunda missa est legio et extraordinarii recepti. Tum
redintegrata est pugna, cum et recens miles et frequens ordinibus legio suc-
cessisset. Et sinistra ala ex proelio subducta est, dextra in primam aciem subiit.

[51] Sallust hist. II fragm. 100.
[52] bell. Afric. 83, 1: in hostem contra principes ire contendit.
[53] Livius 2, 65, 2. 5. 22, 6. 8, 9, 5. Sallust Iug. 49—50.
[54] Sallust Cat. 59, 2: octo cohortis in fronte constituit, reliquarum signa
in subsidio artius conlocat.
[55] z. B Polybius 15, 14.
[56] Caesar bell. civ. 1, 45, 4: praeruptus locus erat, utraque ex parte di-
rectus, ac tantum in latitudinem patebat, ut tres instructae cohortes eum
locum explerent, ut neque subsidia a lateribus submitti neque equites labo-
rantibus usui esse possent.
[57] Caesar bell. civ. 1, 83, 2.
[58] R. Schneider, Rotten- und Gliederabstand in der Legion (Berliner phi-
lolog. Wochenschrift 1886, pag. 609—612).
[59] Vegetius 3, 14.
[60] Siehe oben Anmerkung 8.
[61] Vegetius 1, 12.
[62] Livius 30, 34, 3. 83, 8, 14.
[63] Livius 8, 8, 12.
[64] Livius 28, 2, 6.
[65] Caesar bell. Gall. 2, 25, 2.
[66] Caesar bell. Gall. 2, 26, 1.
[67] bell. Afric. 17, 1: Caesar interim consilio hostium cognito iubet aciem
in longitudinem quam maximam porrigi.
[68] bell. Afric. 17, 1.
[69] Caesar bell. Gall. 1, 53, 1.
[70] Caesar bell. civ. 3, 94, 2.
[71] Cic. Academ. 2, 1, 2.
[72] Caesar bell. civ. 2, 8, 3: ut est rerum omnium magister usus.
[73] Caesar bell. Gall. 3, 29, 1.
[74] Caesar bell. Gall. 4, 25, 1. 4, 26, 4.
[75] Caesar bell. Gall. 5, 15, 4.
[76] Caesar bell. Gall. 5, 50—51.
[77] Caesar bell. Gall. 1, 25, 1.
[78] Caesar bell. Gall. 1, 25, 1.
[79] Sallust Cat. 59, 1.
[80] z. B. bell. Gall. 1, 52, 2. 7, 47, 1. bell. civ. 3, 89, 3 u. s. w.
[81] H. Rauchenstein, der Feldzug Caesars gegen die Helvetier (Zürich 1882).
[82] Caesar bell. Gall. 1, 52, 1.
[83] Caesar bell. Gall. 1, 52, 2.
[84] Caesar bell. Gall. 1, 52, 2.
[85] Tacitus annal. 2, 20.
[86] Caesar bell. Gall. 1, 52, 7.
[87] Caesar bell. Gall. 1, 52, 7.
[88] Caesar bell. Gall. 1, 53, 1—5.

[90] Cæsar bell. Gall. 2, 20, 1.

[91] Cæsar bell. Gall. 2, 19—21.

[92] Cæsar bell. Gall. 2, 21, 1—3.

[93] Cæsar bell. Gall. 2, 23, 1.

[94] Cæsar bell. Gall. 2, 22, 1. 2, 25, 1.

[95] Cæsar bell. Gall. 2, 25, 2—3.

[96] Cæsar bell. Gall. 2, 26, 1.

[97] Cæsar bell. Gall. 2, 23, 1—2. 2, 26, 4—5.

[98] Cæsar bell. Gall. 2, 27, 1.

[99] Cæsar bell. Gall. 2, 18—19.

[100] Cæsar bell. Gall. 2, 17, 4. 2, 22, 1.

[101] Cæsar bell. Gall. 7, 44—45.

[102] Cæsar bell. Gall. 7, 46, 4—5. 7, 47, 1.

[103] Cæsar bell. Gall. 7, 47, 2.

[104] Cæsar bell. Gall. 7, 47, 2.

[105] bell. Afric. 82, 8.

[106] Cæsar bell. Gall. 7, 47, 7.

[107] Cæsar bell. Gall. 7, 51, 1. 7, 51, 4.

[108] Sueton Cæsar 67.

[109] Cæsar bell. Gall. 7, 49, 1—2.

[110] Cæsar bell. Gall. 7, 49, 3.

[111] Cæsar bell. Gall. 7, 61, 1—2.

[112] Cæsar bell. Gall. 7, 67—68.

[113] Cæsar bell. Gall. 7, 65, 1.

[114] Cæsar bell. Gall. 7, 65, 4—6. 7, 66, 1—2.

[115] Cæsar bell. Gall. 7, 66, 3—5.

[116] Cæsar bell. Gall. 7, 67, 1—2.

[117] Cæsar bell. Gall. 7, 67, 3—4.

[118] Cæsar bell. Gall. 7, 67, 5. 7, 68—89.

[119] Cæsar bell. civ. 3, 89, 5.

[120] Cæsar bell. Gall. 2, 20, 1.

[121] bell. Afric. 31, 4.

[122] Lange, historia mutationum rei militaris Romanorum, pag. 18 (Gottingæ 1846).

[123] Göler, Cäsars gall. Krieg und Teile seines Bürgerkriegs, II. Teil, pag. 219 (Freiburg und Tübingen 1880).

[124] Plutarch Cæs. 32. Pomp. 60. cf. Applan bell. civ. 2, 32.

[125] Plutarch Cic. 16.

[126] Salluet Cat. 56, 1—2.

[127] Cæsar bell. civ. 3, 2, 3.

[128] Cæsar bell. Gall. 7, 7, 5.

[129] Cæsar bell. Gall. 7, 57, 1.

[130] bell. Alexand. 69, 1.

[131] Cæsar bell. civ. 3, 4, 2.

[132] Cæsar bell. Gall. 5, 53, 6.

[133] bell. Gall. 8, 54, 3.

[134] Festus epit., pag. 836 M: sex millum et ducentorum hominum primus C. Marius legionem conscripsit, quum antea quatuor millum fuisset cet.

[133] z. B. Livius 29, 24, 14. 85, 2, 4. cf. 42, 31, 2. 43, 12. 4. 44, 21, 8.

[134] Appian Mithrid. 67, 108.

[135] Lange a. a. O.

[136] Cicero ad Att. 9, 6, 3.

[137] Cæsar bell. civ. 3, 4, 1.

[138] z. B. Cæsar bell. Gall. 1, 25, 2. 1, 52, 1 u. s. m.

[139] Cæsar bell. civ. 1, 24, 2.

[140] Cæsar bell. civ. 1, 27, 5.

[141] Cæsar bell. civ. 3, 4, 8.

[142] Siehe zu Anmerkung 131.

[143] Cæsar bell. civ. 3, 68, 4.

[144] Cæsar bell. Gall. 1, 42—48.

[145] Cæsar bell. Gall. 1, 15, 1.

[146] Cæsar bell. Gall. 1, 40, 15.

[147] Cæsar bell. Gall. 5, 49, 7.

[148] Cæsar bell. civ. 3, 108, 1.

[149] Siehe zu Anmerkung 130.

[150] Ed. Fischer, das achte Buch vom gallischen Kriege und das bellum Alexandrinum. Programm (Passau 1880).

[151] Siegm. Preuss, vollständiges Lexikon zu den pseudo-cäsarianischen Schriftwerken (Erlangen 1864).

[152] Vergleiche: Fröhlich, das bellum Africanum sprachlich und historisch behandelt, pag. 8—10 (Brugg 1872).

Zur Pausaniasfrage.

Von

Prof. Dr. Hermann Hitzig.

Die Pausaniasfrage ist jungen Datums, insofern systematische Quellenuntersuchungen eigentlich erst durch die bekannte Erklärung von Wilamowitz im Hermes (XII, 346) angeregt worden sind. Der Streit, den diese entfesselte, war von Anfang an etwas heftig, da die Siegeszuversicht der Ankläger zu Äusserungen über den Angegriffenen führte, welche die treu gebliebenen Freunde desselben notwendig reizen mussten, denn eine solche Geringschätzung des Mannes war man keineswegs gewöhnt. Zwar hatte schon J. C. Scaliger Pausanias „omnium Graeculorum mendacissimum" genannt, aber das Urteil der folgenden Zeiten hatte sich entschieden günstiger gestaltet. Nach Leake trägt das Werk des Pausanias unzweifelhafte Spuren, dass der Verfasser jeden Teil des Landes einer genauen persönlichen Untersuchung unterworfen hat und finden sich bei keinem Schriftsteller die innern Kennzeichen der Treue und Zuverlässigkeit in höherm Grade. Boeckh bezeichnete den Periegeten als „fidum quidem narratorem, sed parum iudiciosum", Ross dagegen gilt er als der besonnene und gründliche Antiquar, der in Fragen des Altertums eine ganz andere Autorität sei, als der Bischof von Thessalonich, und nach Bergk erkennt man überall, wie die Arbeit des Pausanias auf eigener Anschauung und auf sorgfältigem Studium beruht u. s. w. Daneben schwiegen freilich die Vorwürfe nicht ganz, aber sie bezogen sich in der Hauptsache auf die mangelhafte Darstellung, auf die Oberflächlichkeit und Liederlichkeit, mit der Pausanias da und dort gearbeitet haben sollte. Doch auch gegen derartige Ausstellungen wurde Protest erhoben; nach Schubart kann zwar die Periegese, was Form und Sprache betrifft, auf den Namen eines klassischen Buches nicht leicht Anspruch machen, sie ist aber anzusehen als das Werk eines Mannes, der uns nur mitteilt, was sich ihm nach ernster Forschung auf Grund eigener Anschauung und einer ausgebreiteten Lektüre als das Richtige ergeben hat.

Man kann sagen, dass im grossen und ganzen dies die Meinung war, welche bis vor einigen Jahren mit wenigen Ausnahmen

wir alle von Pausanias und seinen Leistungen hatten; er galt für
einen zwar nicht sonderlich begabten, jedenfalls aber für einen
ehrlichen Menschen; man nahm an, dass er in der Hauptsache nach
Autopsie berichte und von sekundären Quellen nur wenig abhängig
sei, man konnte auch nicht umhin, seine grossartige Belesenheit
anzuerkennen. Die Angriffe nun, welche seit einiger Zeit gegen
diese Auffassung gerichtet werden, haben wohl manchen stutzig
gemacht, ob sie aber nach der energischen Abwehr Brunn's
und des seligen Schubart allgemeinere Zustimmung gefunden
haben, steht dahin. Heute sind zu den alten Anklagen neue gekommen und ist auf breiterer Grundlage als früher der Beweis
versucht worden, dass allerdings das günstige Urteil über Pausanias gänzlich unbegründet sei. Es gebührt dem Buche von
Kalkmann* das Verdienst, die Periegese zuerst in eingehender
Weise, namentlich auf die Frage der Abhängigkeit von frühern
Autoren, geprüft zu haben. Sein Urteil lautet bedenklich: das
Beste, was uns Pausanias giebt, ist aus frühern Autoren ge-
schöpft, sein eigener Anteil an den Beschreibungen ist so gering,
dass er als Reisender kaum in Betracht kommen kann. Alle
von Schubart geforderten und seiner Ansicht nach vorhandenen
Tugenden sind thatsächlich nicht vorhanden. Pausanias ist ein
Dutzendmensch ohne alle Originalität, gedankenlos, ein Schwindler, der uns Dunst vormacht, plump erfindet, falsch zeugt, ein
Geheimthuer, ein flüchtiger Kompilator, ein Perieget, der die Maske
eines Autopten vornimmt u. s. w.; man sieht, der durch die Erklärung von Wilamowitz gezogene Wechsel soll eingelöst werden.

Von der Richtigkeit derselben bin ich aber auch jetzt noch
nicht überzeugt, wenn schon ich mancher Ausführung Kalkmanns
meine Zustimmung geben muss. Ich hoffe, dass die folgenden
Betrachtungen geeignet seien, Pausanias in manch' einzelnen
Punkten wirksam in Schutz zu nehmen und überhaupt zu einer
gerechteren Beurteilung seiner Leistungen beizutragen. Ich werde
mich dabei hauptsächlich mit Kalkmann beschäftigen, da sein
Buch ein eigentliches Repertorium alter und neuer Vorwürfe
gegen Pausanias genannt werden kann.

* Pausanias der Perieget. Untersuchungen über seine Schriftstellerei und
seine Quellen. Von Dr. A. Kalkmann, Privatdocent der Archäologie an der
Universität zu Berlin. G. Reimer 1886.

Kalkmann weist zunächst nach, dass auch Pausanias einem
Unfug gehuldigt hat, dessen Spuren sich weit zurück verfolgen
lassen, der aber namentlich im zweiten nachchristlichen Jahrhundert üblich war, der Schwindelmanier nämlich, Dinge als selbst
erkundet auszugeben, deren Kenntnis vielmehr irgend einer Schriftquelle entstammt; auch Pausanias sagt ἤκουσα, wo ἐπελεξάμην
allein dem Sachverhalt entspräche, ja er geht weiter und führt
geradezu einzelne Gewährsmänner, einen alten Mann, einen Si-
donier, Ephesier u. s. w. ein, von denen er dies oder jenes erfahren haben will, während doch nachweislich sein Bericht aus
einer Schriftquelle geflossen ist.

Über einzelne Stellen, welche Kalkmann hieher zieht, lässt
sich freilich streiten. Ich glaube z. B. nicht, dass Pausanias eine
Notiz einer paradoxographischen Quelle abgeschrieben habe, wenn
er V, 20, 8 beiläufig erzählt, er habe bei einem Aufenthalt in
Olympia in der Nähe der Säule des Oinomaos Bruchstücke von
Waffen, Zügeln und Kinnketten ausgraben sehen (K. S. 27).
Dazu wäre die Sache doch kaum interessant genug; war er dagegen in Wirklichkeit Augenzeuge, so begreift man die Erwähnung einer an sich so wenig wichtigen Begebenheit vollkommen. —
V, 12, 3 ferner mag die Ansicht, dass die Elefantenzähne Hörner
seien, immerhin von andern schon ausgesprochen sein, bewiesen
ist damit doch keineswegs, dass Pausanias nur flunkert, wenn
er sagt, er habe für seine Person sich von der Richtigkeit
dieser Ansicht durch den Anblick eines Elefantenschädels im
Heiligtum der Diana Tifatina überzeugt (K. S. 32). Auch zu
VIII, 21, 2 scheint mir die Skeptik Kalkmanns übertrieben. Dort
berichtet Pausanias, er habe die Fische im Aroanios, von denen
es heiße, sie könnten singen, zwar fangen sehen, einen Ton aber
habe er nicht von ihnen vernommen, obgleich er bis Sonnenuntergang beim Fluss geblieben sei, zu welcher Zeit die Fische
ihre Stimme am meisten vernehmen lassen sollten. Nach Kalkmann (S. 38) darf man das Bild des bis zum Sonnenuntergang
am Ufer dem Singsang der Fische lauschenden Periegeten seiner
Biographie nicht einverleiben, „das würdige Paradoxon erheischte
eine würdige Ausschmückung". Diese Annahme schiene mir psycho-
logisch nur dann plausibel, wenn von einem positiven Resultat
des Wartens berichtet würde. Die Existenz der Sage, dass es im
Aroanios solche Fische gebe, steht fest; dass Pausanias an Ort
und Stelle gewesen, lässt sich nicht, wenigstens nicht mit stich-

haltigen Gründen, in Abrede stellen, wovon nachher; was hindert
also, anzunehmen, dass er das Wunder selbst sehen, beziehungs-
weise hören wollte?

Zu den fingirten Quellen rechnet Kalkmann auch die Exegeten, wo immer sie vorkommen. „Sie werden so nebenbei eingeführt, wie die Greise und andere Gewährsmänner, über die
der Stab schon gebrochen ist, und gerade an Punkten, wo man
Exegeten erwartet, erscheinen sie nicht, statt ihrer aber andere
Zeugen: z. B. in Elis ein Nomophylax (VI, 23, 6), auf der Akropolis in Athen die Priester I, 22, 3.“ (K. S. 45). Das scheint
mir nun wieder zu weit zu gehen. Wenn Pausanias keine Exegeten nennt, wo man solche erwarten sollte, so ist damit nicht
gesagt, dass er keine befragt habe; er hat sich ja nirgends ver-
pflichtet, seine Quellen anzugeben. Wenn er ferner mancherlei
von Priestern gehört haben will, so ist das durchaus nicht auffallend; zumal an kleinern Orten, wo es keine Exegeten gab,
musste er sich, wenn er überhaupt etwas erfragen wollte, wohl
vorzugsweise an Priester halten. Übrigens ist die Stelle, welche
Kalkmann im Auge hat, kaum gut gewählt; Pausanias sagt daselbst, wer die Bedeutung der Zunamen der Ge und der Demeter,
nämlich Kurotrophos und Chloe, wissen wolle, könne das erfahren, wenn er sich an die Priester wende. Eine derartige
Frage zu beantworten, waren allerdings die Priester am ehesten
in der Lage.

Wenn ferner für Olympia öfter Exegeten erwähnt, dafür
aber für Dinge, über die Fremdenführer Auskunft zu geben
pflegten, Zeugen aus entfernten Ländern angerufen werden, so
darf uns das nicht veranlassen, mit Kalkmann die Befragung
von Exegeten überhaupt in Abrede zu stellen, sondern wir können
höchstens vermuten, die Zeugen aus entfernten Ländern seien
fingirt.

Diese Exegeten haben ihre Kenntnisse nicht nur mündlich
überliefert, sondern sie haben auch eigentliche Exegetenbüchlein
geschrieben. Das geht deutlich hervor aus I, 42, 6: „Was sich
auf das Heiligtum der Athena Aiantis in Megara bezieht, ist
von den Megarischen Exegeten übergangen worden.“ Auch an
andern Stellen muss man wohl bei Erwähnung von Exegeten
an eine schriftliche Quelle denken, so IV, 33, 6. V, 21, 8. 9.
18, 6. Ganz deutlich aber ist dem so I, 13, 8, wo Lykeas als
der argivische Exeget τῶν ἐπιχωρίων genannt wird, welcher ἐν

ἔπεσιν εἴρηκε; demnach ist es auch vorgekommen, dass Exegeten die Resultate ihrer Studien in Versen mitteilten, um diese den Fremden zu verkaufen. Mir scheint, diese Beobachtung genügt, um Kalkmann zu widerlegen, der S. 45, um an einer neuen Stelle die Exegeten als reine Fiktion zu erweisen, bemerkt: „In der Ebene, wo das verödete Andania lag, tauchen ihrer plötzlich mehrere auf, als sei eine wissenschaftliche Expedition im Gange." Auch dass Exegeten so oft nichts wissen oder gelegentlich Unsinn sagen, wodurch Pausanias mit eigenen Vermutungen hervorzutreten Gelegenheit finde, charakterisiere hinreichend die Schwindelmanier, schreibt Kalkmann (S. 46). Niemals aber bezeichne er sie als Periegeten, sondern er gebe stets „dem Worte ἐξηγητὴς den Vorzug, dessen dunkle Reminiscenz an die Wundermänner, die τεράτων καὶ ἐνυπνίων ἐξηγηταί (V, 23, 6), für ihn einen geheimnisvollen Zauber" habe (S. 48). In der That ein sonderbarer Kauz, dieser Pausanias! Er erfindet seine Exegeten, charakterisiert sie als Dummköpfe und kann doch nicht umhin, vor ihrem Namen einen gewaltigen Respekt zu haben! Kalkmann geht zu weit. Gab es überhaupt Exegeten, und es liegt nicht der mindeste Grund vor, daran zu zweifeln, dass, wo sich an einem Orte eine grössere Summe von Kunstwerken befand, auch Leute waren, die sich ein Geschäft daraus machten, Fremden als Führer durch die Schätze ihrer Stadt zu dienen, so wäre es unbegreiflich, wenn Pausanias ihre Hülfe grundsätzlich verschmäht hätte. Unter diesen Exegeten gab es natürlich gute und schlechte und es kann deshalb, wenn Pausanias gelegentlich gegen Aussagen solcher Gewährsmänner opponiert, nicht geschlossen werden, dass er die Existenz schwachköpfiger Exegeten nur erfinde, um sein eigenes Licht desto heller leuchten zu lassen. Wenn er erzählt, auf der Akropolis in Elis sei ein chryselefantines Bild der Athene, εἶναι μὲν δὴ Φειδίου φασὶν αὐτήν (VI, 26, 3), während Plinius als Verfertiger den Kolotes nennt, so wird, weil letzterer aus Werken von Kunstforschern schöpft, die Angabe des Pausanias auf dem Bericht eines Exegeten beruhen, freilich damit auch nur auf geringere Wahrscheinlichkeit Anspruch erheben können.

Trotz mancher Bedenken gegen einzelne der hieher gehörigen Ausführungen Kalkmanns bin ich aber doch, wie gesagt, davon überzeugt, dass Pausanias von der zu seiner Zeit grassierenden Schriftstellerunart, welche aus primären Quellen zu schöpfen vorgiebt, wo vielmehr Kompilation vorliegt, sich keineswegs frei gehalten hat.

Berechtigt nun eine derartige Erkenntnis ohne weiteres zum vollsten Misstrauen auch da, wo es bei unsern Mitteln nicht gelingt, den Schwindel aufzudecken, so halte ich es doch für höchst bedenklich, Pausanias nunmehr die Autopsie abzusprechen und ihn nicht mehr als Reisenden gelten zu lassen. Ein Reisender wird, auch wenn er die Absicht hat, eine Periegese zu schreiben, von dem Sehens- und Bemerkenswerten immer nur einen Teil gewahr werden und darum die vorhandene Literatur benutzen. Ist es nun in seiner Zeit an der Tagesordnung, sich mit fremden Federn zu schmücken, so verschweigt er eben, dass ein gutes Stück dessen, was er erzählt, nicht von ihm selbst erkundet ist; man thäte ihm aber Unrecht, wenn man, das Kind mit dem Bade ausschüttend, seine Autopsie überhaupt bezweifelte und den Beitrag, den er selbst geliefert, ohne weiteres gleich Null setzte. Geradezu geschieht ersteres nun Pausanias gegenüber zwar nicht. G. Hirschfeld will wenigstens eine flüchtige Anwesenheit des Pausanias in Olympia nicht in Abrede stellen und auch Kalkmann bestreitet nicht, dass Pausanias überhaupt in Griechenland gereist sei; andererseits aber werden doch die Beweise, welche von diesem und jenem zur Konstatierung der Autopsie beigebracht sind, wiederum bestritten, und ist es Kalkmann bei seinem Zugeständnis offenbar nicht recht wohl[1], so dass man sich versucht fühlt zu fragen, weshalb denn eigentlich die Ankläger jegliche Autopsie des Pausanias nicht lieber rundweg und ein- für allemal leugnen.

So haben gleich die Ausführungen des zweiten Abschnittes bei Kalkmann (antiquarisch-periegetische Quellen) keinen andern Zweck, als den, nachzuweisen, dass Pausanias, durch seine alten Quellen verführt, einen Zustand der Dinge schildere, der seiner eigenen Zeit um Jahrhunderte vorausliege. Sehen wir uns die Beweisführung etwas genauer an.

Es ist bekannt, dass Sulla im Jahre 86 Athen und den Piräus eroberte; dabei wurde letzterer grösstenteils verwüstet (Plut. Sulla 14) und blieb von da an bedeutungslos. Von diesen Verwüstungen sagt Pausanias kein Wort, er spricht im Gegenteil

davon, dass es zu seiner Zeit noch Schiffshäuser gegeben habe,
während man aus Appian (Bell. Mithr. 41) weiss, dass Sulla
gerade diese niederbrennen liess. Und wenn Strabo zwar IX, 395
wie Pausanias das Heiligtum des $Zεὺς σωτήρ$ als zu seiner Zeit
noch bestehend nennt, so sagt er doch, der Piräus sei nur eine
$ὀλίγη κατοικία$, während Pausanias von zwei Märkten und auch
von der langen Säulenhalle am Hafenmarkt redet, hinter welcher
Statuen des Zeus und des Demos von Leochares und ein Heiligtum der Aphrodite sich befänden. Das scheint nun nicht zu stimmen zu dem Bilde, das man von dem nachsullanischen Piräus
sich glaubt machen zu sollen, und Kalkmann schliesst denn
auch, Pausanias schildere eben die Stadt der vorsullanischen
Zeit, oder anders ausgedrückt, er schildere nicht als Augenzeuge,
sondern auf Grund einer ältern Beschreibung. So ganz sicher
ist dies nun aber keineswegs. Ich gebe folgendes zu bedenken.
Man mag zugeben, dass die Beschreibung nicht geeignet ist,
eine der Wirklichkeit entsprechende Vorstellung von dem
Stand der Dinge im Leser hervorzurufen; wer aber hinreiste,
und für solche Leute hat Pausanias geschrieben, der hatte auch
nicht nötig, dass ihm die Verwüstungen der sullanischen Zeit
besonders aufgezeigt wurden; und es ist auch entschieden zu viel
behauptet, wenn Kalkmann sagt, Pausanias erwähne die von Sulla
zerstörten Schiffshäuser ausdrücklich als noch zu seiner Zeit bestehend; Pausanias sagt nur, noch bis auf seine Zeit habe es
Schiffshäuser gegeben, und diese Wendung scheint gerade an-
deuten zu sollen, dass in früherer Zeit ihrer eine grössere Anzahl
bestanden habe. Und ist es denn wirklich undenkbar, dass unter
Hadrian, der in Athen so gewaltig bauen liess, das eine oder
andere der Schiffshäuser wieder restauriert wurde? Wer das nicht
zugeben will, beruhigt sich vielleicht bei Wachsmuths Ansicht
(Stadt Athen S. 661, Anm. 2); nach ihm meint der Perieget,
wenn er sagt $καὶ νεὼς καὶ ἐς ἐμὲ ἦσαν οἶκοι$, die stattlichen
Trümmer der alten Schiffshäuser. Hiegegen opponiert freilich
Kalkmann (S. 56, Anm. 2), indem Pausanias ausdrücklich eben
nicht von Trümmern rede, wie er im ganzen Piräus überhaupt
keinen Trümmerhaufen kenne. Dieser Einwand ist aber hinfällig;
denn in demselben ersten Kapitel § 4 spricht Pausanias auch
von einem Heiligtum der Demeter in Phaleron als einem noch
bestehenden, während wir wissen, dass dasselbe nach der Verwüstung durch die Perser nie mehr aufgebaut worden ist. Hatte

er also, wie Kalkmann annimmt, eine vorsullanische Quelle, so
musste doch diese den Sachverhalt kennen; nichtsdestoweniger
sagt Pausanias kein Wort davon, dass der Tempel zerstört war.
Was wir aber hier von dem Demetertempel mit Sicherheit konstatieren können, dass Pausanias nämlich ein Gebäude als vorhanden erwähnt, das nur in trümmerhafter Gestalt noch existierte,
das dürfen wir doch gewiss auch auf die Schiffshäuser anwenden.
Und wenn ferner Pausanias wirklich die vorsullanische Zeit im
Auge gehabt hätte, müssten wir uns dann nicht wundern, dass
er den bemerkenswertesten Bau im Piräus, die berühmte ὁπλοθήκη
des Architekten Philon, welche erst von Sulla verwüstet wurde
(Plut. l. l.), unerwähnt lässt? Und endlich, war Pausanias wirklich im Piräus — und bestritten hat dies niemand —, wie
wäre es denn auch nur mit einiger Wahrscheinlichkeit zu erklären, dass er die Existenz so sehr in die Augen fallender Au-
lagen, wie Schiffshäuser sind, behauptete, wenn er mit eigenen
Augen von ihrem Nichtvorhandensein sich überzeugt hätte? Eine
ὀλίγη κατοικία war der Piräus zu Strabo's Zeit, bis zu Pausanias
aber verfliesst mehr als ein Jahrhundert, und was wichtiger ist,
bevor Pausanias den Piräus sah, regierte der Kaiser Hadrian,
der für Athen so viel that, dass Pausanias I, 20, 7 sagen durfte,
Ἀθῆναι ... αὖθις Ἀδριανοῦ βασιλεύοντος ἤνθησαν; sollte denn
dies nicht wenigstens in bescheidenem Masse auch der Hafenstadt
zu gute gekommen sein?

Kurz, mit dem „Denkzeddel", den uns gleich das erste
Kapitel der Periegese mit auf den Weg geben soll, steht es
nicht so schlimm, wie Kalkmann annimmt. Dass freilich die
Schilderung des Piräus eine gute sei, wird niemand behaupten;
man vergesse aber auch nicht, dass das erste Buch des Pausanias eine Anfängerarbeit ist und gehe darum nicht zu streng
mit ihm ins Gericht.

Bedauerlich ist es freilich in hohem Grade, dass derselbe
mit den Ἀττικά seine Periegese glaubte beginnen zu sollen. So
hat er nun gerade den schwierigsten Teil seiner Aufgabe, den
wir mehr als irgend einen andern vorzüglich gelöst zu sehen
wünschten, mit ungeübten Kräften angefasst und sich deshalb
neben unberechtigten auch verdiente Vorwürfe zugezogen. Bekannt ist das vernichtende Urteil, welches Wilamowitz (l. l.) über
die Attika gefällt hat. Kalkmann schliesst sich demselben an und
versucht den Beweis im einzelnen zu führen. Hauptquelle wäre

demnach Polemon; zwar findet diese Ansicht in den noch vorhandenen Fragmenten desselben keine sichere Stütze[2], denn wenn in einem derselben Polemon die Athener für besonders fromm erklärt, und das Pausanias mehrfach auch thut, so kann nur Voreingenommenheit hierin einen Beweis für die Richtigkeit jener Hypothese erblicken (K. S. 60). Man weiss ja, wie Lobeserhebungen dieser Art bei den verschiedensten Schriftstellern sich finden. Dieser Beweis ist genau so viel wert, wie die Vermutung (K. S. 59), dass die Bewunderung des Stadions des Herodes Atticus nicht durch Autopsie hervorgerufen sei, da Philostratos dasselbe ebenfalls bewundere, oder endlich die Ansicht (K. S. 79), Pausanias' Bemerkung über den grossen Zeusaltar in Olympia V, 13, 11 müsse ans Polemon stammen, da „zwei Schriftquellen, in denen nachweislich viel polemonisches Gut steckt, eine entlegene Notiz der vorzüglichen Abhandlung des Periegeten über den grossen Altar wiederholen[4]. Was Pausanias sagt, ist nicht mehr, als jeder, der in Olympia weilte, auch wenn er keine Periegese zu schreiben beabsichtigte, in Erfahrung bringen konnte.

Mehr Beweiskraft beansprucht aber die Erkenntnis, dass Pausanias in Athen grosse Bauten der nachpolemonischen Zeit, wie die Attalos-Stoa, und bedeutende Monumente, wie das Agrippa-Denkmal am Eingang der Akropolis unerwähnt lässt, womit andererseits die von Tren und Hirschfeld geltend gemachte Thatsache stimmt, dass in dem Verzeichnis der Siegerbildnisse und anderer Ehrenstatuen in Olympia sich kein Denkmal findet, das jünger wäre, als die Mitte des zweiten vorchristlichen Jahrhunderts. Diese Thatsache hat man erklärt durch die Annahme völliger Abhängigkeit von einer Quelle, die bis zu diesem Zeitpunkt, aber nicht weiter hinab reichte; die allein denkbare Erklärung ist dies aber nicht, so viel Ansprechendes sie haben mag. Es ist z. B. auch möglich, dass Pausanias bei seiner Vorliebe für das Alte und dem Minderwert künstlerischer Produkte späterer Zeit nicht weiter hinabgehen wollte: Freilich hat er, wie Kalkmann S. 56 hervorhebt, nirgends mit ausdrücklichen Worten gesagt, dass er der ältern Zeit den Vorzug einräume, vielmehr erklärt er an mehrern Stellen, es komme ihm nur darauf an, die γνωριμώτατα zu erwähnen, das besonders Merkwürdige; aber es scheint eben, dass dies ihm nicht das Moderne, sondern das Alte ist, wie er ja auch bekanntlich den mythischen Anfängen der Tradition ein ganz besonderes Interesse zuwendet.

Darum tritt namentlich da, wo die Fülle des Alten verwirrend
gross war, wie in erster Linie in Olympia, die Erwähnung
späterer Kunstprodukte auffallend in den Hintergrund. Hätte
Pausanias die Bauten und Statuen späterer Zeit ebenso sehr
gewürdigt, was konnte ihn denn hindern, auch von diesen ein-
gehender, als es geschehen ist, zu erzählen? Reichte die eine
Quelle nicht weit genug, warum benützte er nicht eine andere?
Das kann ja nicht bezweifelt werden, dass es an Orten, wie
Athen und Olympia, Führer gegeben hat, welche auch die nach-
polemonische Zeit behandelten. Mit Recht macht darum Bruno
(J. f. Ph. u. P. 129, 27 ff.) darauf aufmerksam, dass die Kunst-
urteile bei Cicero, Dionys v. H. und Quintilian mit Lysippos und
Apelles und ihren Zeitgenossen abschliessen und dass der feine
Kunstkenner Lukianos, ein Zeitgenosse des Pausanias, über die
Künstler nach Alexander das vollständigste Schweigen beobachtet.
Auch finden wir auf anderm Gebieten unsern Periegeten ebenfalls ausserordentlich wortkarg, wo wir dies durchaus nicht erwarten, so gut wie er uns anderwärts Dinge erzählt, die wir
nicht vermissen würden, wenn er sie weggelassen hätte. Abgesehen davon, dass er von Ätolien, Akarnanien und Thessalien
völlig schweigt, weiss er auch über die Vasen nichts zu sagen,
hat er ebenso über die in den Thesauren aufbewahrten Schätze
kein Wort und existiert endlich, Polygnots Schöpfungen abge-
rechnet, für ihn, so zu sagen, keine griechische Malerei; kurz,
jene eigentümliche Erscheinung verlangt keineswegs die von Treu
vorgeschlagene Erklärung. Wahr aber ist allerdings, was Kalkmann neuerdings darthut, dass die Beschreibung Athens kein
auch nur einigermassen befriedigendes Bild von dem Stand der
Dinge zu Pausanias' Zeit giebt, dass sie vielmehr in bedauer-
licher Weise unvollständig und verworren ist.

Dagegen habe ich noch eine Bemerkung zu bekämpfen, mit
welcher Kalkmann den Abschnitt über Athen schliesst. Er nimmt
nämlich die Möglichkeit an, dass Pausanias im ersten Buche das
Odeion des Herodes Attikus einfach vergessen habe, dass er also
lüge, indem er VII, 20, 6 behaupte, zur Zeit, als die Attika
herausgegeben wurden, habe jener Bau noch nicht existiert. Denn
da das V. Buch wegen V, 1, 2 nicht vor 174 geschrieben sein
kann, das Odeion aber wohl bald nach dem Todesjahr der Regilla
(a. 160), zu deren Gedächtnis es errichtet wurde, gebaut sei, so
würde zwischen dem Aufenthalt in Athen und Korinth eine

„unerklärliche Lücke" entstehen. Unerklärlich für uns vielleicht,
die wir von den Lebensschicksalen des Verfassers der Periegese
so gut wie nichts wissen; aber ist denn die Sache an sich un-
glaublich? lassen sich denn keine Gründe der Verzögerung denken
und muss man es nicht eine unbillige Argumentation heissen,
deshalb, weil wir zufällig dieselben nicht kennen, Pausanias der
Lüge zu zeihen? Dass das erste Buch für sich allein ediert worden ist, steht fest (s. auch Kalkmann S. 277, Anm. 2), dass von
ihm zu den folgenden in Beziehung auf Gewandtheit des Ausdrucks und der Darstellung ein grosser Fortschritt gemacht ist,
lässt sich auch nicht bestreiten, ebenso ist bekannt, dass der
Verfasser im Laufe der Darstellung eine ganze Reihe von Angaben des ersten Buches sich zu berichtigen veranlasst sieht,
was davon herrührt, dass er zur Zeit, als er es schrieb, wohl
nur einen kleinen Teil von Griechenland bereist hatte[1], endlich
ist gewiss zugegeben, dass eine Umgestaltung der religiösen
Anschauungen, wie dieselbe nach VIII, 8, 3 in Pausanias sich
vollzogen hat, nicht die Sache von Tagen und Wochen, sondern
von Jahren ist (cf. Schubart, Einl. z. Übersetz. S. 9). Wir wären
also, scheint mir, auch ohne jene positive Angabe genötigt, uns
die Zeit zwischen der Ausgabe der Attika und derjenigen der
folgenden Bücher recht lange zu denken.

„Die Periegese von Olympia ist nicht so flüchtig und skizzen-
haft, wie diejenige von Athen", versichert Kalkmann S. 72, aber
dennoch: „auffallende Unebenheiten in der Darstellung zeigt auch
die Altis-Periegese: hat Pausanias das Material in derselben Form,
wie es ihm vorlag, übernommen und nur beschnitten? — Ein
wunderliches Bild zeigt er uns von der Altis, ohne festen Plan
entworfen, mit unsicherer Hand ausgeführt. Selbst jetzt, nachdem der Altisboden aufgedeckt worden ist, sind wir noch nicht
im Stande, alle Gebäude zu benennen und die Rundgänge des
Periegeten mit Sicherheit zu rekonstruieren" u. s. w. (S. 84).
„Bei solchem Zerreissen und Zerfetzen der Periegese treten
naturgemäss Mängel zu Tage" (S. 86) — und das alles hat
seinen Grund darin, dass Pausanias völlig abhängig ist von einer
Quelle, und zwar soll dies Polemon oder ein etwas modernisierter
Polemon sein; die Folge davon ist, dass Pausanias uns überhaupt
nicht das Olympia seiner Zeit, sondern ein viel früheres beschreibt[2]. Nun die Begründung. Kalkmann sagt S. 84, kein ver-
nünftiger Plan, sondern Willkür sei es, wenn einige der bei der

Altarperiegese (V, 15, 1 ff.) berührten Gebäude gleich ausführlich beschrieben werden, die Beschreibung anderer dagegen erst
später nachfolge. So die Beschreibung des Hippodroms erst VI,
20, 10, trotzdem derselbe V, 15, 5 berührt werde. Hierauf ist
zu erwiedern, dass an dieser zweiten Stelle die Erwähnung der
Hippaphesis und des Embolos nicht zu umgehen war, wenn die
daselbst genannten Altäre überhaupt topographisch bestimmt
werden sollten, dass dagegen nicht schon hier, sondern VI, 20,
10 ff. der Hippodrom, und zwar um seiner selbst willen, besprochen wird. Und nicht anders verhält es sich mit dem Gymnasion. Keineswegs ist mit Kalkmann anzunehmen, dass die
beiläufige Erwähnung in V, 15, 8 Pausanias hinterdrein nicht
mehr genügend erschienen sei, weshalb er plötzlich nach Nennung
des Hippodroms zu dem am ganz andern Ende der Altis gelegenen
Gymnasion übergehe, ohne diesen Sprung durch ein Wort zu
markieren. Vielmehr bespricht Pausanias an zweiter Stelle im
Zusammenhang hintereinander die den Spielen gewidmeten Anlagen: das Stadion VI, 20, 8, den Hippodrom § 10 ff. mit der
Agnaptoshalle § 13 — dass Pausanias auf diese nach der Erwähnung in V, 15, 6 gar nicht mehr zurückkomme (K. S. 85),
ist demnach unrichtig —, das Gymnasion 21, 2 und die Palaistra
ebenda. — Und nicht anders verhält es sich mit dem Prytaneion;
in der Altarperiegese ist es wie der Theocoleon und das Gymnasion
zum Zweck der topographischen Fixierung der Altäre angeführt,
am Ende der Erzählung §§ 11 und 12 erfolgt seine Erwähnung
neuerdings, weil die Auseinandersetzung über die Opfer dieselbe
verlangte.

Willkür anderer Art soll es sein, wenn Pausanias nach der
Besprechung des Heroon und Metroon, bevor er zu den an-
grenzenden Zanes übergehe, noch das westwärts gelegene Philippeion mitnehme V, 20, 10. Gegen diesen Vorwurf hätte Pausanias schon durch die Bemerkung 21, 1 geschützt sein sollen,
wo es heisst: meine Erzählung schreitet nun fort zur Beschreibung
der Standbilder und Weihgeschenke. Daraus ist zu schliessen, dass
im Vorausgehenden wesentlich Bauwerke besprochen seien, und
so ist es ja auch: zuerst der Tempel des Zeus 10, 2 ff., das
Pelopeion 13, 1 ff., der Zeusaltar 13, 8; an diesen schliesst sich
die Altarperiegese 14, 4 ff., durch welche die gelegentliche Erwähnung einiger weiteren Gebäulichkeiten veranlasst wird; dann
folgt der Heratempel 16, 1 ff., hierauf die Säule des Oinomaos

20, 6, endlich das Metroon und das Philippeion. Deutlich ist es
Pausanias zunächst zu thun um die mehr im Mittelpunkt der
Altis gelegenen Bauwerke, und eben darum bringt er das Philippeion vor den Zanes; auch brauchen wir uns nicht mit Kalkmann (S. 87) zu verwundern, dass Pausanias am Schluss der Altarperiegese fortfährt mit den Worten: λείπεται δὲ τὸ μετὰ τοῦτο
ἡμῖν τῆς Ἥρας ὁ ναός 16, 1; ebensowenig ist es Willkür, wenn
Pausanias von der Krepis und dem Kronion kommend das Hip-
podameion bespricht und dann erst zum Stadion übergeht; denn
dass das erstere südlich in der Altis gelegen sei, hätte Kalkmann erst beweisen müssen. Nach Böttichers Auseinandersetzung
(s. u.) ist nicht daran zu zweifeln, dass es sich vielmehr im
Nordosten der Altis beim Stadioneingang befand.

Wenn Pausanias in der Aufzählung der Zeusstatuen V, 22, 1
nahe dem Eingang zum Stadion einen Altar erwähnt, auf dem
die Trompetenbläser und Herolde ihre Wettkämpfe hielten, so
sieht das Kalkmann (S. 85) mit Unrecht als einen Beweis dafür
an, dass Pausanias diesen Altar in seiner Quelle zusammen erwähnt gefunden habe mit einer Zeusstatue. Vielmehr nennt er
denselben einfach zu genauerer Bezeichnung des Standpunktes
der neben ihm befindlichen Säule des Zeus, was nun so passen-
der ist, als am Stadioneingang sich noch andere Zeusstatuen
befanden.

„Wichtige Gebäude, wie das Buleuterion und das Theokolion,
werden nur ganz nebenbei erwähnt", sagt Kalkmann weiter (S. 86);
hierin braucht man aber kein Indicium für die Abhängigkeit von
einer Quelle zu sehen. Höchstens könnte man sagen, Pausanias
habe seine Quelle flüchtig excerpiert, flüchtig kann er aber auch
als Autoptes zu Werke gegangen sein; indessen scheint die Annahme das Richtige zu treffen, dass ihn bei der Beschreibung
der Baulichkeiten in Olympia die Heiligtümer und die für die
Spiele bestimmten Anlagen mehr interessierten; darum erwähnt
er auch die Exedra des Herodes Attikus mit keinem Wort, nicht
deshalb, weil seine Quelle dieselbe nicht kannte. Die κρηπίς
werde zweimal beschrieben, sagt Kalkmann im weitern; hiegegen
hat schon Brunn, J. f. Ph. u. P. 1884, 25, das Nötige bemerkt.

Dass endlich das grösste Werk der Profanbaukunst aus guter
griechischer Zeit in Olympia, der Südwestbau, übergangen sei
(S. 6), wird heute auch nicht mehr behauptet werden können,
nachdem durch die Auffindung einer Bauinschrift das öfter er-

wähnte Leonidaion als dieser bezeugt ist. Ich kann hier sowie für
manch andere Ausstellung Kalkmanns auf Bötticher, Allgem. Z.
1886, N. 345 verweisen. Da aber auch von diesem die eine Haupt-
stelle V, 15, 1 nicht richtig behandelt ist, so muss ich etwas
länger bei diesem Punkte verweilen.

Dieselbe lautet: ὀπίσω δὲ ἀναστρέψαντι αὖϑις ἐς τὴν Ἄλτιν
ἐστὶν ἀπαντικρὺ τοῦ Λεωνιδαίου. Nun wird das Nähere über dieses
Bauwerk gesagt und dann fortgefahren: ἔστι δὲ ἐν τῇ Ἄλτει τοῦ
Λεωνιδαίου πέραν μέλλοντι ἐς ἀριστερὰν Ἀφροδίτης βωμός κτλ.
Kalkmann (S. 93, Anm.) übersetzt den ersten Satz: „Wenn man
[vom Ergasterion] in die Altis zurückkehrt [nämlich durch das West-
thor], so hat man gegenüber das Leonidaion" (!). Halten wir uns hiebei nicht auf; Bötticher erklärt die zweite Stelle: „Es ist aber in
der Altis für den, welcher das Leonidaion im Rücken zur Linken
wandern will"; auch dies ist eine unerlaubte Übersetzung, denn der
Genetiv τοῦ Λεωνιδαίου könnte grammatisch nur von ἐς ἀριστερὰν
abhängen, damit aber bekämen wir einen unbrauchbaren Sinn.
Es ist eigentümlich, dass bei dieser wichtigen und so oft er-
wogenen und besprochenen Stelle niemand weder durch die
Kenntnis des Sprachgebrauches des Pausanias, noch durch die
Übersetzung des Amasäus auf das Richtige gebracht worden
ist; dieser schreibt: si ultra Leonidæum ad sinistram tendas;
er hat also nicht πέραν gelesen, sondern πέραν und zu μέλλοντι
ein Verbum des Gehens ergänzt oder in seiner Handschrift vor-
gefunden; und das ist ohne Zweifel das Richtige. Das Verbum
πέραν kommt nirgends bei Pausanias vor, während bekanntlich
πέραν ausserordentlich häufig sich findet. Was die Bedeutung
desselben betrifft, so steht fest, dass man es überall mit „gegenüber" geben kann, s. Michaelis, Mitteil. d. deutsch. arch. Inst.
in Athen, 1877, 1 ff.; so erhält jetzt der Genetiv τοῦ Λεωνιδαίου
sein Regens und wird es klar, dass mit dem zweiten Satz nur ganz
einfach der erste wieder aufgenommen wird, d. h., dass die Worte
ὀπίσω δὲ ἀναστρέψαντι ... τοῦ Λεωνιδαίου keinen abgeschlossenen
Satz bilden, und dass das auf sie bis zum Schluss des Paragraphe'
Folgende in Parenthese zu setzen ist. Das Verbum des Gehen,
welches ausgefallen ist, war vielleicht προϊέναι und ist wegen d'
Ähnlichkeit mit πέραν ausgefallen oder es musste weichen, nachda
einmal fälschlich πέραν gelesen wurde; die Übersetzung laut
demnach: Wenn man aber wieder in die Altis zurückkehrt, so
ist gegenüber dem Leonidaion — dieses Leonidaion ist ausser[lb

der Altis u. s. w. — es ist aber in der Altis dem Leonidaion
gegenüber, wenn man linkshin weiter zu gehen im Begriff ist,
ein Altar der Aphrodite.

Aus dem Gesagten dürfte erhellen, dass die Altarperiegese
nicht so planlos gemacht ist, wie Kalkmann behauptet, und
dass, wenn Pausanias den Polemon benützt hat, was von
mir nicht in Abrede gestellt wird, übrigens auch Pausanias
nur zur Ehre gereichen kann, seine Abhängigkeit doch nicht
eine so sklavische ist, wie man nach Kalkmanns Ausführungen
annehmen müsste. Nur noch eines: Als Beweis dafür, dass Pausanias die Inschriften nicht selbst kopiert habe, wird von Wilamowitz Herm. XII, 345, 29 das Fehlen der Thespier in dem
Verzeichnis der Kämpfer von Plataia V, 32, 2 angeführt; das
ist aber kein Beweis; denn angenommen, Pausanias habe nur
seine Vorlage ausgeschrieben, so hätte also die Vorlage den
Irrtum schon enthalten und man müsste nach dieser Beweisführung konsequentermassen nun weiter schliessen, dass auch
diese die Inschrift nicht kopiert, sondern aus einer frühern Vorlage herübergenommen habe, und für diese würde wiederum dasselbe gelten u. s. w. Kurz, man weiss es eben nicht, weshalb
der Name fehlt, ebensogut wie die Quelle kann Pausanias selbst
oder können seine Abschreiber die Schuld tragen.

Im dritten Abschnitt, der die Überschrift trägt „Geographische Quellen", stellt Kalkmann zunächst fest, was nicht zu
bestreiten ist, dass Pausanias geographische Hilfsquellen benützt
habe: „Stadienangaben", sagt er. „wird niemand auf eigene
Messungen zurückführen, Angaben über Abgrenzungen von Gauen
gegen einander, die Aufzeichnung des ungeheuren Wegenetzes
niemand aus eigener Forschung erklären wollen" (S. 155). Es
ist auch unschwer, einzusehen, füge ich hinzu, dass die eigenen
Wanderungen des Pausanias unmöglich überall den Reiserouten
der Periegese entsprechen. Glaublich ist es zwar, dass er z. B.
ans der Kynuria über das Parnongebirge nach Sellasia und Sparta
gepilgert ist; auch das kann einer noch für wahrscheinlich halten,
dass Pausanias von Sparta aus zuerst sich südlich nach Amyklai
und auf den Taygetos begeben habe, um dann nach Sparta zurück-
kehrend zunächst das Eurotasthal hinauf und bis Belemina zu

gehen. Aber höchst unwahrscheinlich ist es, dass er von da
nochmals nach Sparta zurückkehrte, nach Gytheion ging und
nun längs dem Strande nach Malea und über Delion und
Epidauros nach Prasiai wanderte, um nach Gytheion zurück-
kehrend in ähnlicher Weise die mittlere der drei Halbinseln des
Peloponnes immer dem Strande nach bis an die messenische
Grenze zu bereisen. Und ebenso wird niemand glauben, dass er
in Arkadien alle Routen, die er mit Angabe der Distanzen verzeichnet, auch selbst, zumal in der angegebenen Ordnung, gemacht habe. Er müsste sonst beispielsweise siebenmal von
Megalopolis nach verschiedenen Richtungen hin gewandert sein
und sechsmal für die Rückkehr denselben Weg gewählt haben,
auf dem er ausgezogen. In dieser Weise aber reist wohl
niemand. Ferner hat schon Bursian dargethan, dass die Beschreibung des Seeweges vom Kap Skyllaion bis Hermione mit
der geographischen Beschaffenheit der Küste sich nicht vereinigen
lasse, und hat Lolling gezeigt, dass sie vielmehr auf die ent-
gegengesetzte Küstenstrecke im Westen passe (s. K. 181). Schon
damit ist ausgesprochen, dass des Pausanias Angaben nicht überall
auf Autopsie beruhen können; freilich wird man auch Autopsie
in dem Sinne, dass Pausanias sämtliche Routen, die er angiebt,
ohne Ausnahme aus eigener Anschauung kenne, billigerweise
nicht verlangen; ich denke, selbst Bädeker würde solch strenger
Forderung nicht genügen. Sicher ist also, dass er auch schriftliche Quellen zu Rate zog; es müssen ihm, wenn er selbst auch
darüber schweigt, ältere Periegesen zur Hand gewesen sein. Nun
hat Alex. Enmann (J. f. Ph. u. P. 1884) ausgeführt, dass die Be-
merkungen des Pausanias über homerische Topographie aus Artemidor, wahrscheinlich vermittelst eines periegetischen Zwischen-
gliedes (S. 517), geflossen seien. Kalkmann aber, einen Schritt
weiter gehend, sucht zu beweisen, dass Pausanias überhaupt nur
eine Hauptquelle für seine sämtlichen Geographica gehabt habe;
denn die homerische Geographie lasse sich von der übrigen nicht
trennen. Die Gedankenreihe, durch welche Kalkmann zu dieser
Ansicht gelangt, ist folgende: Die Verflechtung homerischer Ortskunde mit geographischer Periegese ist schwierig; wer sie voll-
zieht, muss ein besonderes Interesse für Homerstudien haben;
dieses besondere Interesse muss sich in einer planmässigen Benützung Homers überhaupt zeigen; eine solche zeigt sich aber
nirgends bei Pausanias, also hat nicht Pausanias die homerische

Ortskunde mit der Periegese verbunden. Hiegegen lässt sich
mancherlei einwenden. Dass die Verflechtung homerischer Orts
kunde mit geographischer Periegese ein schwieriges Unternehmen
sei, wäre erst zu erweisen. Mir scheint, bei der Annahme einer
Quelle, welche überall fertige Resultate bot, die der Kompilator
nur seinem übrigen Material folgen zu lassen oder voranzustellen
brauchte, diese Schwierigkeit völlig unerheblich. Dass Pausanias
kein Interesse für Homerstudien gehabt habe, ist rascher behauptet als bewiesen. Zunächst würde das nicht recht stimmen
zu der Thatsache, dass für ihn ein Ausspruch Homers eine grössere
Beweiskraft hat, als irgend ein anderes Zeugnis (II, 21, 10), weshalb er auch die Gedichte desselben nicht bloss oberflächlich
gelesen hat (II, 4, 2); in direktem Gegensatz aber würde es
stehen mit der ausdrücklichen Erklärung (IX, 30, 3), er habe
selbst über die Zeit Homers und Hesiods sorgfältige Untersuchungen angestellt. Wenn die Benützung Homers keine plan-
mässige ist, so ist dafür der Schriftsteller verantwortlich zu
machen, welcher der Forderung gleichmässiger Behandlung nicht
gerecht wird.

Doch sehen wir zu, wie Kalkmann im einzelnen seine Behauptung, dass Pausanias den Artemidor aus zweiter Hand citiert,
zu belegen sucht. Er sagt: die Stadt Messa, welche Pausanias
(III, 25, 9) an der Küste Lakoniens nordwestlich von Tainaron
verzeichnet, ist nach Strabo (VIII, 364), welcher notorisch Artemidor benützt hat, überhaupt nicht zu finden (S. 156). Die
Lage von Epidauros Limera giebt Pausanias (III, 23, 2. G. 11)
übereinstimmend mit Artemidor bei Strabo (VIII, 368) an, dieser
aber nennt das südlich davon gelegene Apollo-Heiligtum Delion,
Pausanias dagegen Epidelion, indem er zugleich diese Namens-
form begründet (K. S. 161). Drittens kennt Strabo den Achilleioshafen nicht, während Pausanias ihn anführt, und endlich sucht
Pausanias die Insel Kranae, auf welcher Paris der Helena zuerst
beigewohnt haben soll, an der lakonischen Küste, während Strabo
darunter die attische Insel Helena versteht, die früher Kranae
hiess (K. S. 162). Kurz: da Pausanias sich mit Angaben des Artemidor bei Strabo nicht deckt, kann Pausanias den Artemidor nur
aus Citaten in seiner Hauptquelle gekannt haben. Ich gestehe,
auch diese Beweisführung für verfehlt halten zu müssen. Nach
Kalkmann hat also die Quelle, von der Pausanias abhängig ist,
Artemidor gekannt, demnach hat diese also sich zuerst in Wider-

spruch mit Artemidor gesetzt, obwohl sie ihn kannte. Ich denke,
wenn die Quelle das durfte, ohne dass man ihr direkte Benützung des Artemidor abspricht, so wird man Pausanias dasselbe Recht nicht vorenthalten können, denn was der Quelle recht
ist, wird doch wohl Pausanias billig sein; man mag ja über die
Fähigkeit des Pausanias, Kritik zu üben, urteilen wie man will,
so viel steht fest, dass, wo er etwas nicht glaubte, er Kritik
geübt hat. Ich sehe also nicht, was der Annahme im Weg
stehen sollte, dass er die von Artemidor abweichenden Angaben
aus andern Quellen schöpfte, denen er in diesen Punkten glaubte
folgen zu dürfen.

Im weitern will Kalkmann die Entstehungszeit der geographischen Quelle genauer bestimmen; sie soll verfasst sein in der
Zeit zwischen dem Regierungsantritt des Augustus und dem Jahr
25, resp. 23 nach Christus (S. 164 fg.). Augustus habe nämlich den
ager Denthaliates im Südosten Messeniens den Lakedaimoniern zu-
gesprochen gehabt, unter Tiberius aber sei dieser Landstrich nach
Tac. Ann. IV, 43 den Messeniern zurückgegeben worden. Von
dieser durch Tiberius herbeigeführten Neugestaltung wisse Pausanias nichts; denn nicht die alte Landesgrenze zwischen Mes-
senien und Lakonien behalte er bei, die aller Wahrscheinlichkeit
nach der kleine bei Thalamai vorbeifliessende lakonische Küsten-
fluss Pamisos bildete (Curt. Pel. II, 284), sondern er verzeichne
die Grenze bei Choirios Nape entsprechend der Grenzregulierung,
welche die von Augustus geschaffenen Verhältnisse bedingten.
Da Tiberius diese Verfügung im Jahr 25 getroffen, müsse also
die Quelle, der Pausanias hier folge, vor diesem Jahre geschrieben
sein. Ich muss auch hier widersprechen. Zwar lässt sich für die
Annahme, Pausanias habe davon, dass der ager Denthaliates
den Messeniern zurückgegeben worden sei, nichts gewusst,
sein Stillschweigen anführen. Wenn er aber die Landesgrenze
bei Choirios Nape annimmt, so wird dieser Umstand mit Unrecht als Beweis für die gleiche Annahme verwendet. Denn
erstens ist die Behauptung, dass Augustus, als er den Messeniern den ager Denthaliates nahm, den Küstenstrich südlich
von Pharai bis Choirios Nape in ihrem Besitz gelassen habe,
nicht nur unbewiesen, sondern auch an sich gänzlich unwahrscheinlich. Vielmehr erstreckte sich die Wegnahme nach IV, 1, 1
auch noch auf das Land südlich von Choirios Nape. Ferner
steht bei Tacitus kein Wort davon, dass die Messenier auf

dies letztere Anspruch erhoben hätten, der Streit drehte sich
vielmehr allein um den Besitz des Tempels der Artemis Lim-
natis im ager Denthaliates, und es ist eine unberechtigte Annahme Kalkmanns, dass von Tiberius auch das Gebiet südlich von Choirios Nape, welches nach III, 21, 6 von Augustus
zu den Eleutherolakonen geschlagen wurde, den Messeniern
restituiert worden sei. Das richtige Verhältnis scheint Pausanias trotz seinem Schweigen gekannt zu haben; auch die
Thatsache, dass er den fraglichen Artemistempel sowie die
Städte im ager Denthaliates nicht in den Lakonika, sondern in
den Messeniaka behandelt, erklärt sich am natürlichsten daraus,
dass er denselben für messenisch hielt; auch ist nicht zu übersehen, dass Pausanias gerade von diesen Gegenden offenbar
genaue Kenntnis gehabt hat: nach Strabo (VII, 316) ist
Pharai fünf Stadien vom Meere entfernt, ungefähr 150 Jahre
später bemisst Pausanias (IV, 31, 1) die Entfernung auf etwa
sechs und heute beträgt sie nach Curt. Pelop. II, 158 gegen
zehn Stadien, entsprechend dem durch die Anschwemmungen
verursachten stetigen Anwachsen des Landes[1].

Nachdem somit der Argumentation Kalkmanns der Boden
entzogen ist, verliert auch die zweite Stelle, die er für seine
Ansicht verwendet, den unbedeutenden Schimmer von Beweis-
kraft, den sie haben soll. Pausanias schweigt VII, 23, 5 (K.
S. 165) von dem grossen Erdbeben, das die achäische Stadt
Aigion 23 p. Chr. schlimm mitnahm, während er kurz darauf das
Erdbeben, durch welches Helike im Jahr 373 vor Christus zu
Grunde gerichtet wurde, ausführlich beschreibt. Also hat Pausanias, nimmt Kalkmann an, von diesem Erdbeben vom Jahr 23
nichts gewusst und der terminus ante quem seiner Quelle rückt
demnach um zwei Jahre zurück. Aus dem Stillschweigen des
Pausanias Schlüsse zu ziehen, ist meist gewagt. Hier speciell
wird dasselbe seinen Grund darin haben, dass zu seiner Zeit
die Spuren der Verwüstung von Aigion gänzlich verwischt
waren, kam ja doch damals die Bundesversammlung der Achäer
daselbst zusammen (VII, 24, 4). Helike dagegen traf der Zorn
des Hikesios so unerbittlich, dass es für alle Zeit vernichtet
blieb. Allerdings wird 25, 8 des Erdbebens von Bura Erwähnung gethan, welche Stadt wieder aufgebaut wurde; es war
dies aber dasselbe kurz vorher erwähnte Erdbeben, dem Helike
zum Opfer fiel.

Der Besitz dieser geographischen Hauptquelle — ich wundere mich, dass sie nicht geographisches Handbuch genannt wird — hinderte Pausanias nach Kalkmann nicht, andere Hilfsmittel zu Rate zu ziehen. Hierin hat Kalkmann ohne Zweifel recht, freilich will er auch hier wieder mehr beweisen, als sich beweisen lässt. So soll Pausanias (S. 172) eine Schrift περὶ νήσων benützt haben. II, 33, 2 nämlich sagt er folgendes: Kalaureia sei in alter Zeit dem Apollo geweiht gewesen, als Delphi noch dem Poseidon gehörte; λέγεται δὲ καὶ τοῦτο, ἀντιδοῦναι τὰ χωρία σφᾶς ἀλλήλοις· φασὶ δὲ ἔτι καὶ λόγιον μνημονεύουσιν·

> ἶσόν τοι Δῆλόν τε Καλαύρειάν τε νέμεσθαι
> Πυθώ τ᾽ ἠγαθέην καὶ Ταίναρον ἠνεμόεσσαν.

Kalkmann spricht zunächst davon, dass die einleitenden Worte nicht zu diesem Spruche passen, der Delos und Kalaureia und andererseits Pytho und Tainaron zusammenstelle. Wie das Orakel gemeint sei, lehre Strabo VIII, 373 ἐνταῦθα (ἐν Καλαυρείᾳ) ἦν ἄσυλον Ποσειδῶνος ἱερόν, καί φασι τὸν θεὸν τοῦτον ἀλλάξασθαι πρὸς μὲν Λητὼ τὴν Καλαυρίαν ἀντιδόντα Δῆλον, πρὸς Ἀπόλλωνα δὲ Ταίναρον ἀντιδόντα Πυθώ. Ἔφορος δὲ καὶ τὸν χρησμὸν λέγει· ἶσόν τοι Δῆλον κτλ. Pausanias habe also ein Versehen begangen, das heisst wohl, Pausanias habe das Orakel nicht verstanden; dieses Versehen aber erkläre sich durch eine Stelle des Schol. Apoll. Rhod. III, 1242; καὶ ἡ Καλαύρεια δὲ ἱερά ἐστι Ποσειδῶνος, ὥς φησι Φιλοστέφανος. ἦν δὲ πρότερον μὲν Ἀπόλλωνος, ἡ δὲ Πυθὼ Ποσειδῶνος, καὶ ἀντήμειψαν οἱονεὶ κατήλλαξαν. Nun meint Kalkmann, daraus ergebe sich, dass Pausanias mit einem Excerpt aus der Schrift des Philostephanos περὶ νήσων irrtümlich das Orakel zusammengestellt habe, das Orakel, welches er in der gewöhnlichen geographischen Quelle vorfand. „Übrigens wieder ein bezeichnendes Beispiel", fügt Kalkmann bei, „für die Flüchtigkeit des Kompilators." Diese ganze Deduktion ist schief. Wenn das Orakel wirklich auf die Worte des Pausanias nicht passt, so sollte man denken, Pausanias, der doch auch griechisch verstand, hätte das selber bemerken, er hätte sehen müssen, dass im Orakel nicht Delphi mit Kalaureia, sondern dieses mit Delos zusammengestellt werde. Wenn nun doch diese Verse citiert werden, so sollte nur um so klarer werden, was eine aufmerksame Betrachtung der dem Orakel unmittelbar vorausgehenden Worte an sich lehrt, dass wir nämlich hier wieder einmal eine Lücke haben. Längst ist vermutet worden, dass die Worte φασὶ δὲ ἔτι καὶ,

wie nach der Mehrzahl der Handschriften ediert wird, eine
Korruptel bergen, aber mit kleinen BuchstabenÄnderungen (φασὶ
δὲ καὶ τοῦτο; ἐπὶ πᾶσι δὲ τι καὶ λόγ.; εἰσὶ δὲ οἵ τι καὶ) ist hier
nicht auszukommen: mit φασὶ δὲ kann, auch wenn wir ἔτι gänzlich
unterdrücken dürften, nach dem Sprachgebrauch des Pausanias
unmöglich auf das unmittelbar Vorausgehende λέγεται δὲ καὶ …
ἀλλήλοις zurückgewiesen werden. Vielmehr ist nach φησὶ δὲ ἔτι
die Wendung der Sage mitgeteilt gewesen, auf welche eben das
λόγιον sich bezog; nicht Pausanias hat hier ein Versehen begangen, sondern seine Abschreiber, die überhaupt in keiner Richtung häufiger und schwerer gesündigt haben, als in der Ver-
schuldung von Lücken. Ob Pausanias hier ein Excerpt aus
Philostephanos vor sich gehabt oder den Philostephanos selbst,
oder auch weder das eine noch das andere, das ist nicht aus-
zumachen.

Auch die weitere Behauptung Kalkmanns (S. 173), es dürfte
eine eingehende Untersuchung der Stadienangaben vielfach zu
einem Ausweis darüber führen, in welchem Umfang die geographische Quelle benützt worden sei, ist schwerlich begründet. „Es
fällt auf-, sagt er, „dass z. B. Stadienangaben bei den verschiedenen Punkten, die auf den von Argos aus führenden Wegen
erreicht wurden, fehlen (II, 24, 5 ff.), während später die Entfernung bis zum Meer genau bestimmt wird (II, 36, 6);“ hier
hat Kalkmann II. 25, 5 übersehen, wo es heisst: ἐς μὲν δὴ ταύτην
(nämlich Λύρκειαν) ἐστὶν ἐξ Ἄργους ἑξήκοντα στάδια.

Die anderweitigen Hilfsmittel, welche Pausanias neben seiner
geographischen Hauptquelle benütze, sollen ihrer Entstehungszeit
nach, so führt Kalkmann aus, zum Teil viel früher liegen; dadurch lasse sich Pausanias verleiten, von Dingen, die zu seiner
Zeit nicht mehr vorhanden waren, zu behaupten, sie existierten
noch. Um dies nachzuweisen, beruft sich Kalkmann (S. 174)
zunächst auf Stellen in den Arkadika. Strabo nämlich, der
übrigens Arkadien nur obenhin behandelt, bemerkt VIII, 388:
καὶ αὕτη (Μαντίνεια) δὲ καὶ Ὀρχομενὸς καὶ Ἡραία καὶ Κλείτωρ
καὶ Φενεὸς καὶ Στύμφαλος καὶ Μαίναλος καὶ Μεθύδριον καὶ
Καφυαὶς καὶ Κύναιθα ἢ οὐκέτ' εἰσὶν ἢ μόλις αὐτῶν ἴχνη φαίνεται
καὶ σημεῖα. Pausanias dagegen erwähne von diesen Städten ausdrücklich nur Mainalos als in Trümmern liegend. Was Mantineia
und Kynaitha betrifft, so will Kalkmann Pausanias Glauben
schenken, denn Stiftungen von Hadrian an diesen Orten legen

Zeugnis davon ab, dass diese ihre Existenz bis über Strabo
hinaus leidlich gefristet haben müssen. Dagegen solle man die
Beschreibung der Städte Kaphyai, Kleitor, Stymphalos, Methydrion,
Pheneos und Tegea lesen — warum nicht auch von Orchomenos
und Heraia? — hier finde man kein Wort von Zerstörung, vielmehr treten uns „blühende Städte" entgegen, niemand aber werde
auf die bequeme Auskunft verfallen, dass er zu Pausanias' Zeit
alle die genannten Städte plötzlich wieder aufblühen lasse. Ich
habe gethan, was Kalkmann verlangt, gestehe aber, dass ich
aus der Beschreibung des Pausanias durchaus nicht den Ein-
druck gewonnen habe, die genannten Orte seien blühende Städte.
Von Kaphyai heisst es (VIII, 23, 3): die Kaphyaten haben Heiligtümer von Göttern, des Poseidon und der Artemis mit dem Beinamen Knakalesia, sie haben auch einen Berg Knakalos, wo sie
der Artemis jährlich ein Fest feiern; das ist alles, wenn man
nicht hinzurechnen will, dass dieselben Kaphyaten auch in Kon-
dylea, welcher Ort ein Stadium entfernt liegt, jährlich Totenopfer
darbringen. Die bedeutendsten Heiligtümer der Kleitorier (21, 3)
sind das der Demeter, das des Asklepios und drittens das der
Eileithyia, auch ein Heiligtum der Dioskuren haben sie vier
Stadien von der Stadt (§ 4). Bei Stymphalos (22, 1 ff.) wird
zwischen der alten und der neuen, in anderer Gegend gebauten
Stadt unterschieden. Die alte Stadt hatte drei Heiligtümer der
Hera, die neue Stadt hat davon nichts, dagegen folgendes: erstens
eine Quelle, von welcher der Kaiser Hadrian das Wasser nach
der Stadt Korinth leitete und zweitens ein altes Heiligtum der
stymphalischen Artemis, der sie ein Fest feiern. Das ist alles.
Von Methydrion gar, das nach Kalkmann ebenfalls als blühende
Stadt geschildert wird, heisst es (12, 2), es sei gar keine Stadt
mehr, sondern ein zum Megalopolitischen gehörendes Dorf, ein
Dorf, das auch einen Tempel hatte (36, 2), woraus zu lernen war,
dass das Vorhandensein eines Tempels noch keineswegs die Stadt
konstituiert. In Pheneos befindet sich ein Tempel der Athene mit
dem Beinamen Tritonia, nur Trümmer sind davon übrig (40, 4).
Auch ein eherner Poseidon ist da mit dem Beinamen Hippios.
Am Fuss der Burg ein Stadion und ein Grabmal des Iphikles.
Diesem bringen sie Totenopfer dar (§ 9). Ferner ein Tempel des
Hermes, diesem feiern sie Kampfspiele, hinter dem Tempel das
Grab des Myrtilos (§ 10). Endlich noch ein Heiligtum der Demeter
mit dem Beinamen der eleusinischen, der sie einen Geheimdienst

feiern. Weiter nichts. Heisst es nicht zu viel behaupten, wenn
Kalkmann sagt, bei Pausanias treten uns blühende Städte entgegen? Einzig von Tegea möchte dies einigermassen gelten,
aber gerade von dieser Stadt sagt Strabo selbst l. l. ἔτι μετρίως
συμμένει καὶ τὸ ἱερὸν τῆς Ἀλέας Ἀθηνᾶς. Pausanias weiss, dass
das alte Bild der Athena von Augustus durch eines aus dem Demos
der Manthureer ersetzt wurde, dennoch soll er aus Quellen schöpfen,
die Strabo weit vorausliegen! Gleich nach Pausanias' Zeit haben
ferner ausser Tegea auch Kaphyai, Kleitor und Pheneos Münzen ge-
schlagen⁶. Ich denke, unter solchen Umständen wird die „bequeme
Auskunft" doch wohl gestattet sein, dass nicht „plötzlich", wie Kalkmann unpassend sagt, sondern in der Zeit zwischen Strabo und Pausanias, d. h. in einem Zeitraum von anderthalb Jahrhunderten,
die zu des ersteren Zeit grösstenteils verwüsteten Städte Ar-
kadiens wieder zu einer bescheidenen Existenz gelangt seien.
Übrigens wird es auch erlaubt sein, darauf hinzuweisen, dass
Strabo durch den umfassenden Plan seines grossen Werkes ver-
hindert war, überall mit der wünschenswerten Genauigkeit zu
verfahren. Es ist hinreichend bekannt, dass nach ihm von Mykenai
keine Spur mehr zu finden sein soll (VIII, 372 κατεσκάφησαν ἐπ'
Ἀργείων ὥστε νῦν μηδ' ἴχνος εὑρίσκεσθαι τῆς Μυκηναίων πόλεως),
Pausanias dagegen sagt ganz richtig (II, 16, 5): es sind von der
Mauer noch Reste vorhanden, ebenso das Thor, über diesem
stehen Löwen. In den Trümmern ist ein Brunnen namens Perseia
und unterirdische Gemächer des Atreus und seiner Söhne, auch
Gräber sind da u. s. w. Sollen wir ihm auch hier, wo er sich
deutlich genug im Widerspruch mit Strabo befindet, den Vorwurf
machen, er habe einen Zustand der Dinge im Auge, welcher zu
seiner Zeit keine Geltung mehr hatte?

Der Beweis also, dass Pausanias in den Arkadika nicht den
Zustand seiner Zeit beschreibe, ist gescheitert. Ebensowenig
ist Kalkmann — um dies hier nachzuholen — zuzugeben, was
er (S. 33), Wernicke folgend (de Pausaniae periegetae studiis
Herodoteis p. 108), Pausanias vorwirft, dass er nämlich, durch
Herodot verführt⁷, Astyra als noch bestehende Ortschaft nenne,
während es schon zu Plinius' Zeit verfallen war. Pausanias sagt
IV, 35, 9 nur folgendes: „Wasser, welches schwarz aus Quellen
hervorfliesst, habe ich selbst in Astyra gesehen. Astyra sind
warme Bäder, Lesbos gegenüber, in der Gegend, die Atarneus
heisst." Wie er hier sagt ὕδωρ ἰδὼν οἶδα ἐν Ἀστύροις, so sagt

6

er § 9 *oἶδα ὕδωρ θεισάμινος τὸ ἐν Θερμοπίλαις.* und niemand wird daraus schliessen, er behaupte, Thermopylai existiere als Ortschaft.

Es passiert dem strengen Kritiker des Pausanias auch anderswo, dass er ihn schuldiger findet, als er in Wahrheit ist. Strabo sagt IX, 412, Onchestos liege auf einer baumlosen Höhe, es gebe dort zwar ein Poseidonheiligtum, aber auch dieses sei baumlos; *ἄλσος* brauchten vielmehr auch andere Dichter für ein Heiligtum. Hiezu hat Enmann (l. l. S. 504) Pausanias IX, 26, 5 verglichen, wo der Perieget sagt, zu seiner Zeit sei noch Tempel und Hain des Poseidon vorhanden gewesen. Die entschiedene Erklärung Strabos giebt Enmann wohl das Recht, Pausanias vorzuwerfen, er habe hier seiner veralteten Quelle vertrauensvoll nachgeschrieben, ohne sich selbst an Ort und Stelle zu überzeugen; mit Unrecht aber bemerkt Kalkmann (S. 176): „Pausanias will den Hain gesehen haben“; Pausanias sagt nichts als *ἐπ' ἐμοῦ δὲ ναός; τι καὶ ἄγαλμα Ποσειδῶνος; ἐλείπετο Ὀγχηστίου καὶ τὸ ἄλσος.* Damit aber verliert der heftige Tadel, den der Perieget bei dieser Gelegenheit von Seite Kalkmanns erfährt, ein gutes Stück seiner Berechtigung.

Nach Kalkmann rühren derartige Fehler von lokalen Quellen her, durch welche Pausanias die Angaben seiner geographischen Quelle zu vervollständigen suchte; es sei Pausanias nicht immer gelungen, die Genesis seiner Nachrichten zu verbergen und die verschiedenen Bestandteile der beiden Arten von Quellen glatt in einander zu fügen. Dies letztere soll ein Beispiel auf S. 178 deutlich machen. III, 20, 6 sagt Pausanias, es sei an bestimmten Tagen ein Holzbild der Kora aus Helos nach einem Eleusinion am Taygetos gebracht worden; von diesem Helos heisst es 22, 3, es liege in Trümmern. „Das verschweigt Pausanias dort“, sagt Kalkmann, „denn wenn sich an Helos ein für bestimmte Tage festgesetzter Kultgebrauch knüpfen soll, so setzt das zum mindesten eine kleine Ansiedelung voraus. Die für die Heiligtümer des Taygetos befolgte lokale Periegese betrachtete also im Gegensatz zur geographischen Helos als angesiedelte Ortschaft“. Verhielte es sich wirklich so, wie Kalkmann meint, so hätte Pausanias seine Sache auch gar zu kläglich gemacht, in Kap. 20 hätte er Helos als noch bestehende Ortschaft behandelt und zwei Kapitel nachher hätte er das schon vergessen und wäre Helos ein Trümmerhaufen. So verhält sich die Sache aber nicht. Würde

Pansanias in Kap. 20 sagen: ἐπὶ θαλάσσῃ πόλισμα Ἕλος ἐστί, während er vielmehr ἦν sagt, so könnte man sich eher der Meinung Kalkmanns anschliessen; so aber ist von einem Widerspruch der beiden Stellen gar nicht die Rede; denn die Voraussetzung, auf der die ganze Argumentation beruht, dass nämlich der Kultus eine Ansiedelung bedinge, ist auch hier wieder hinfällig. Es gab auch anderwärts allein stehende Heiligtümer, z. B. den Hermestempel auf Kyllene (VIII, 17, 1 cf. Curt. Pelop. II, 200 und Anm. 25), und wenn wir annehmen wollen, dass beim Heraion in der Argolis, welches übrigens geschlossen gewesen zu sein scheint (cf. Burs. Geogr. II, 48 Anm.), einige Häuser, in denen die Tempeldienerschaft wohnte, sich befunden haben, so hindert nichts, dasselbe auch bei Helos anzunehmen, deswegen konnte die Stadt doch als in Trümmern liegend bezeichnet werden.

Nachträglich bemerke ich noch eines: Kalkmann will zeigen, dass Artemidor den Ἀχίλλειος λιμήν nicht gekannt habe (S. 162). Zu diesem Behufe werden zwei Stellen aus Artemidor bei Stephanos B. und Strabo angeführt, in denen man allerdings vergebens diesen Hafen suchen würde. Die Stelle bei ersterem lautet: Ψαμαθοῦς· πόλις Λακωνική. Ἀρτεμίδωρος δευτέρῳ γεωγραφουμένων ʼμετὰ γὰρ τὸ Ταίναρον πόλις ἐκδέχεται Ψαμαθοῦςʼ. Und Strabo sagt VIII, 263: μετὰ δὲ Ταίναρον πλέοντι ἐπὶ τὴν Ὄνου γνάθον καὶ Μαλέας Ψαμαθοῦς ἐστι πόλις. Wenn Kalkmann diese beiden Stellen anführt, so ist zu vermuten, er gehe von der Meinung aus, der fragliche Hafen liege auf der Ostseite der Taygetoshalbinsel; nun lehrt aber Ps. Skylax (46), den Kalkmann selbst citiert, folgendes: Ἀχίλλειος λιμήν καὶ ἀντίπυγος τούτου Ψαμαθοῦς λιμήν· τούτων ἀμφοτέρων ἐν μέσῳ προέχον ἐς θάλατταν ἱερὸν Ποσειδῶνος, Ταίναρος. Psamathus ist aber an der Ostküste der Halbinsel gelegen, also muss der Achilleioshafen an der Westküste angesetzt werden und es lag demnach weder bei Stephanos noch bei Strabo eine Veranlassung vor, in dem Zusammenhang, in welchem sie reden, seiner Erwähnung zu thun.

————

Pansanias hat nach Kalkmanns und anderer Meinung seine mythologische Gelehrsamkeit aus einem Handbuch, d. h., er hat nicht nur keine eigenen Forschungen über Mythen angestellt, sondern er hat nicht einmal das bescheidene Verdienst, die Resultate fremder Arbeit da und dort selbst zusammengesucht zu haben.

Auch dieser Vorwurf schiesst meines Erachtens über das Ziel hinaus. Sehen wir zu, wie der Beweis geführt wird.

Kalkmann spricht zunächst (S. 202) von IX, 35, in welchem Kapitel Pausanias über die Zahl, die Namen und die Abstammung der Chariten, endlich über ihre Darstellung sich verbreitet. Dass dies ein zusammenhängendes Ganze sei, zeige Enstath. Il. 984, 31: εἰ δὲ τρεῖς αἱ χάριτες, εἰ δὲ γυμναί, καὶ διὰ τί ταῦτα, καὶ τίνα ταύταις ὀνόματα u. s. w. „Die hier angedeuteten Punkte einschliesslich der von Eustathios übergangenen Frage nach der Abstammung führt in seiner Weise aus Cornutus Kap. 15 und damit ist die Annahme eines mythologischen Handbuches als Grundlage für das Kapitel des Pausanias gesichert.“ Wie so denn? Bewiesen ist nur, dass auch andere dieselben Fragen wie Pausanias behandelt haben, und es lässt sich nicht einmal behaupten, dass die Darstellung des Pausanias und des Cornutus auf eine gemeinsame Quelle zurückgehen; aber auch wenn das der Fall wäre, warum muss denn gleich an ein Handbuch gedacht werden? Pausanias kann ja sein Wissen von diesen Dingen anderswoher haben, sagt doch Eustathios l. l., hierüber hätten geschrieben οἱ τῆς θεογονίας ἐξετασταί.

Auch die für die Bekleidung der Chariten bei Pausanias angeführten Beispiele, welche mit Ausnahme eines einzigen nach Kleinasien weisen, stammen, meint Kalkmann, aus der Vorlage, denn die namhaftesten Kunstschriftsteller im zweiten Jahrhundert, bei denen die Mythologen ihre Beispiele holten, seien Kleinasiaten, welche sehr wahrscheinlich kleinasiatische Werke bevorzugten. Hiemit stimmt nun nicht recht, dass das Beispiel der Chariten des Sokrates ebenfalls aus der Vorlage herrühren soll und dass diese, die sich doch eingehend mit der Frage abgegeben hätte, so viel berühmtere Beispiele wie die Chariten des Pheidias am Zeusthron in Olympia und diejenigen des Polyklet auf der Stephane der Hera nicht angeführt zu haben schiene. Will man es Pausanias selbst nicht zutrauen, dass er, der doch einen Teil seines Lebens in jenen Gegenden zugebracht hat, die Beispiele von Smyrna und Pergamon nach eigener Beobachtung gebe, so

ist doch die Annahme eines Handbuches keine Notwendigkeit.
Ebensowenig spricht für eine solche die Aufzählung der Angaben
verschiedener Dichter über die Herkunft des Eros IX, 27, 2
(K. 206 fg.), denn die Reihen, welche von Pausanias und den
Scholiasten zu Theocrit. Id. XIII und Apoll. Rhod. III, 26 aufgestellt werden, zeigen so viel Verschiedenheit, dass aus einer
Vergleichung mit Sicherheit nur das hervorgeht, dass die Reihe
des Pausanias andern Ursprungs ist. Gewiss hat Pausanias
manches Citat entlehnt, aber seinen eigenen Anteil gleich Null
setzen, heisst ihm Unrecht thun; und sicherlich hat Kalkmann
die Richtigkeit seiner Ansicht nicht erwiesen. S. 210 meint er,
es sei charakteristisch, dass in II, 26, 3 ff., wo über des Asklepios Geburt gehandelt wird, das in den Periegesen zerstreute
Material nicht berücksichtigt werde. Pausanias folge eben einer
gesonderten Quelle und sammle nicht selbst; so müsse es schon
auffallen, wenn zu den verschiedenen Versionen über die Geburt
des Gottes die VIII, 25, 11 ausgeführte arkadische Sage von
seiner Ansetzung und Auffindung gar nicht berührt werde. —
Mir scheint umgekehrt: Weil Pausanias in diesem Falle selbst
sammelte, ist es gerade sehr erklärlich, dass er zur Zeit der
Abfassung von Buch II noch nicht alles Hiehergehörige bei-
sammen hatte und darum in Buch VIII das nachträgt, was
schon in II hätte erzählt werden sollen, und von ihm auch
erzählt worden wäre, wenn er aus einem Handbuch berichtet
hätte, das „Asklepios data opera vornahm", also auch die erst in
Buch VIII mitgeteilte Gestaltung der Sage enthalten musste". —
Auch in den weitern Ausführungen Kalkmanns finde ich nichts,
was zu der Annahme eines mythologischen Handbuchs nötigte.
Wenn es Zusammenstellungen über Apollo Karneios und Nomios
gab, so mag sie Pausanias immerhin benützt haben; aber man
fragt sich doch, ob darum, weil eines seiner Citate sich auch
einmal anderswo findet, Kalkmann zu der wegwerfenden Bemerkung befugt sei, es müsse dies Citat demnach „billig" gewesen sein (S. 214). Und wenn bei Erwähnung der Bildsäule
des Hermes auf dem Weg von Korinth nach Lechaion, neben
welcher ein Widder stand, Pausanias II. 3, 4 auf Homer Σ 490
sich beruft, nicht aber an Hermes κριοφόρος und ἐπιμήλιος er-
innert, so lässt sich dafür auch ein anderer Grund denken, als
der, dass eben die Iliasstelle für den Hermes Nomios citiert zu
werden pflegte und also auch in der Quelle des Pausanias ge-

standen haben müsse: die Homerstelle giebt eine deutliche Erklärung der Behauptung: Ἑρμῆς μάλιστα δοκεῖ θεῶν ἐφορᾶν καὶ
αὔξειν ποίμνας, jedenfalls eine deutlichere, als die Berufung auf
Hermes κριοφόρος. — IV, 30, 4 (K. S. 216) spricht Pausanias
von der Erwähnung der Τύχη im homerischen Hymnus auf die
Demeter, ferner von einer Darstellung jener Göttin durch Bupalos
und fügt endlich bei: ᾖσε δὲ καὶ ὕστερον Πίνδαρος ἄλλα τε ἐς
τὴν Τύχην, καὶ δὴ καὶ Φερέπολιν ἀνεκάλεσεν αὐτήν. Dies letztere
berichtet auch Plutarch de fort. Rom. 10; beide aber, Plutarch
und Pausanias, sagen nichts davon, dass Pindar im Eingang der
zwölften olympischen Ode die Τύχη als Tochter des Zeus Eleu-
therios auch Σώτειρα genannt habe, nach Kalkmann „wohl der
schlagendste Beweis dafür, dass beide auf einer ähnlichen Vorlage fussen". Ich gestehe, dass ich mir einen schlagenden Beweis
etwas anders vorstelle. Das Homercitat ist Eigentum des Pausanias, der „den Demeter-Hymnus selbst gelesen und benutzt
hat" (K. S. 218). Hier also wäre Pausanias selbst nach Kalkmann unabhängig vom Handbuch; was hindert nun, anzunehmen,
dass er es auch dem Pindarcitat gegenüber sei? die Thatsache,
dass zwei Schriftsteller aus Pindar als Epitheton der Τύχη nur
φερέπολις anführen, nicht auch σώτειρα, zwingt um so weniger
zur Annahme einer „ähnlichen Vorlage", als in den übrigen Angaben der beiden sich keinerlei Parallelismus zeigt; nur Pausanias nennt nach Pindar die Τύχη eine der Μοῖραι VII, 26, 8,
wie andererseits bei Plutarch mancherlei steht, was Pausanias
nicht hat; und wenn Kalkmann meint, die Quelle scheine von
Pindar noch mehr angeführt zu haben — „ᾖσε ἄλλα τε und τό
τε ἄλλα πείθομαι, sagt Pausanias" —, so dürfen wir ruhig annehmen, dass Pausanias unter ἄλλα auch den vermissten Anfang
der zwölften olympischen Ode verstanden habe². — Dass der
Exkurs über die Giganten VIII, 29, 2, soweit er sich an Homer
anlehne, aus dem Handbuch geflossen sei, wird ohne Angabe
von Beweisen (S. 220 fg.) behauptet; nun müsse aber auch die
folgende Erzählung von dem Funde eines übermenschlich grossen
Leichnams im Bette des Orontes dem Handbuche entlehnt sein,
denn dass „die auf Funden gestützte Beweisführung ganz üblich
war", zeige Philostratos Apoll. Tyan. V, 16, 1 (S. 221). Da nun
aber in jener Erzählung bei Pausanias auf Kaiser Tiberius hin-
gewiesen werde, so erhalten wir über die Entstehungszeit des
Handbuches wichtigen Aufschluss (S. 223). Schade, dass dies

Gebäude auf so unsicherem Grunde ruht. Ich will nicht behaupten,
Pausanias habe die drei Homerstellen, auf die er sich bezieht,
selbst zusammengesucht, aber er kann sie einem Homererklärer
entnommen haben, und das kommt mir sehr wahrscheinlich vor,
zu dem Verse η 60 nämlich:

> ἀλλ' ὁ μὲν ὤλεσε λαὸν ἀτάσθαλον, ὤλετο δ' αὐτός

macht er die Bemerkung: ἐθέλουσι δ' αὐτῷ λαοὶ ἐν τοῖς ἔπεσιν
ἀνθρώπων οἱ πολλοὶ καλεῖσθαι, und diese Bemerkung klingt ganz
darnach, wie wenn sie aus einem Kommentar herrührte. Dann
aber dürfte Pausanias die Fundgeschichte aus anderer Quelle,
die allerdings wegen der Erwähnung des Ῥωμαίων βασιλεὺς
nicht älter als Tiberius sein könnte, beigefügt haben. Freilich
warnt Kalkmann (S. 225) davor, für Pausanias direkte Benützung
von Homerkommentaren vorauszusetzen; aber die diese Warnung
motivierende Betrachtung steht wiederum auf schwanken Füssen.
Sie geht aus von einer lückenhaften Stelle IX, 22, 6: ἐνταῦθά
εἰσι μὲν (sc. in Anthedon) τάφοι τῶν Ἰφιμεδείας καὶ Ἀλωέως
παίδων. γενέσθαι δέ σφισι τοῦ βίου τὴν τελευτὴν ὑπὸ Ἀπόλλωνος
κατὰ τὰ αὐτὰ Ὅμηρος πεποιήκασι καὶ Πίνδαρος ὡς ἐπιλάβοι τὸ
χρεὼν αὐτοὺς ἐν Νάξῳ. Die Herausgeber konstatieren vor ὡς eine
Lücke, weil nicht auch Homer, sondern nur Pindar sagt, der
Tod der Aloiden sei in Naxos erfolgt. Siebelis wollte darum vor
ὡς einsetzen προστίθησι δὲ Πίνδαρος, Kalkmann meint, ein
blosses καὶ genüge schon. Aber bei beiden Ergänzungen bleibt
die Unwahrscheinlichkeit bestehen, dass eine Pindarstelle (Pyth.
IV, 156) unrichtig verwendet sein soll; für den durch Apollo
erfolgten Tod wäre neben Homer auch Pindar citiert, der gar
keinen Urheber des Todes nennt. Was hindert nun aber, zu
conjicieren, die Stelle habe ursprünglich z. B. folgende Fassung
gehabt: — — κατὰ τὰ αὐτὰ Ὅμηρος πεποιήκασι καὶ Πάμφως, ὁ
δὲ Πίνδαρος κτλ. [10] Eine solche Restitution im Hinblick auf die
öfter vorkommende Verbindung Homers mit Pamphos in Citaten
(I, 38, 3 Πάμφως τε κατὰ ταὐτὰ καὶ Ὅμηρος. VII, 21, 8. 9.
VIII. 37, 9. IX, 29, 7. 8. 35, 4) für wahrscheinlich zu halten,
würde mich jedenfalls die Verweisung auf Hygin. fab. 28 (qui
ab Apolline Naxi sunt interfecti) nicht abhalten; denn was diese
Worte besagen, mag immerhin eine Fusion von Pindar und Homer
bedeuten, während aber der Text der Periegese, wie er überliefert ist und wie Kalkmann ihn gestalten will, Pausanias etwas

Falsches behaupten lässt, stimmt die Wendung bei Hygin mit dem, was Homer und Pindar sagen, überein.

Auch im Folgenden sehe ich nichts, was mich zu Kalkmanns Meinung bekehren könnte. Wenn VIII, 18, I Linus genannt wird, dessen Gedichte Pausanias doch für unecht hält, so mag das ein Anzeichen dafür sein, dass Pausanias ihn irgendwo citiert fand; dass dagegen schon die Einführung des Citates mit φησίν eben dafür spreche, ist unrichtig. Pausanias muss πεποιηκέναι Λίνον φησίν eben deshalb sagen, weil er die Autorschaft des Linos in Abrede stellt. Freilich meint Kalkmann, Pausanias führe sonst nie etwas aus Linos an, das erklärt sich aber höchst einfach aus demselben Grunde, und wenn beigefügt wird, es wäre verwunderlich, wie gerade der Perieget zu dieser Rarität sollte gekommen sein, so ist dem entgegen zu halten, dass Kalkmann selbst keinen Anstand nimmt, direkte Benützung so obskurer Poeten wie Euklos und Bakis für wahrscheinlich zu halten (S. 27, Anm. 3).

Es dürfte überhaupt aus dieser Abwehr die Erkenntnis resultieren, dass man Pausanias eine grössere Belesenheit in Mythologicis zutrauen darf, als die Annahme eines Handbuches als Quelle zulassen würde; und warum soll man denn auf diesem Gebiete ihm so viel weniger trauen, als auf dem der Geschichte, wo er doch zweifellos eine nicht unbedeutende Zahl von Werken studiert haben muss? Die Geschichte Alexanders des Grossen und seiner Nachfolger, die Geschlechtstafeln der spartanischen Könige, die messenischen Kriege, die Geschichte des achäischen Bundes, die Kolonisierung Kleinasiens, die Invasion der Gallier, die Exkurse über Epameinondas, Philopoimen, Sardinien und die verschiedenen Arten der Erdbeben — um nur die wichtigeren historischen Abschnitte zu nennen — all' dies grosse Material fand Pausanias doch jedenfalls nicht in einem historischen Handbuch bei einander, sondern er musste, um zu ihm zu gelangen, eine grosse Zahl von Büchern studieren. So finden wir den auch durch das ganze Werk Herodot ausgiebig benützt, ferner erkennen wir mit Sicherheit die Spuren von Benützung des Thukydides, Hekataios, Hellanikos, Xenophon, Anaximenes von Lampsakos, Hieronymos von Kardia, Philistos, Myron, und wenn Kalkmann die direkte Benützung des Antiochos von Syrakus leugnet (S. 167), so ist er den Beweis der Richtigkeit seiner Meinung schuldig geblieben. Pausanias führt einmal Verse aus der Atthis des Hegesinus an und bemerkt dazu, er habe das Gedicht nicht selbst gelesen, vielmehr entnehme er das Citat der Schrift des Kallippos über die Orchomenier, und ebenso sagt er mit Bezug auf zwei Verse des Chersias, das Gedicht sei zu seiner Zeit nicht mehr bekannt gewesen, und er selbst habe diese Verse ebenfalls aus Kallippos entlehnt. Ich meine, derartige Aussprüche sollten davor warnen, voreilig über die Lektüre des Pausanias abzusprechen. Auch finde Ich die Bemerkung Kalkmanns, gerade die anrüchigsten Schriftwerke kämen zu der Ehre, mit der ausdrücklichen Versicherung eingeführt zu werden, dass Pausanias sie selbst gelesen habe, kaum passend; eine solche Versicherung ist ja da ganz natürlich, wo es sich um Citate aus Schriften handelt, die weiter keine Verbreitung hatten, während dieselbe, bei allbekannten Schriftstellern angebracht, befremdlich erscheinen müsste.

———

Die vorstehenden Ausführungen haben hoffentlich dargethan, dass man den persönlichen Anteil des Pausanias an seiner Periegese höher zu taxieren hat, als Kalkmann uns glauben machen will. Nach ihm brauchte Pausanias im Grunde genommen überhaupt nicht gereist zu sein, es genügte vollkommen, wenn er neben einer Anzahl lokaler Quellen auch einige zusammenfassende Arbeiten über Geographie, Mythologie, Geschichte und Kunstgeschichte kompilierte; nach Kalkmann müssen wir auf die Ansicht verzichten, in der Periegese des Pausanias ein Bild von dem schönen Griechenland zu besitzen, das ein Reisender des zweiten Jahrhunderts n. Chr. auf Grund eigener Anschauung entworfen habe. Dass es so schlimm stehe, hat Kalkmann nicht bewiesen, und ich beharre darum vorerst bei der Meinung, Pausanias sei wirklich ein Reisender gewesen. Dafür spricht eben doch gar Vieles. Dass er selbst persönliche Anwesenheit an einer grossen Zahl von Orten behauptet, will ich nicht betonen, denn es könnten die Wendungen εἶδον, ἰδών, οἶδα, ἐθεώμην u. s. w. jeweilen auch mit zum Rezept zur Wahrung des Scheines der Authenticität gehören. Dagegen kommt es mir bei der Annahme fehlender Autopsie geradezu unerklärlich vor, dass bis jetzt mit voller Sicherheit, wie ich glaube, kaum in

einem Falle bewiesen ist, dass Pausanias Dinge, die zu seiner
Zeit nicht mehr existierten, als von ihm noch angetroffen bezeichnet. Hätte er die Angaben seiner zum Teil jedenfalls alten
Quellen nicht fortwährend durch Autopsie kontrolliert, so müssten
ihm Verstösse in dieser Richtung zu Dutzenden passiert sein[11]
und wäre es ganz undenkbar, dass wir nicht in einer Menge von
Fällen hinter seine Schliche kommen sollten. In der That müsste
er eine staunenswerte Gleichgültigkeit gegen die Gefahr, sich
lächerlich zu machen, ja eine selten grosse Dosis von Frechheit
besessen haben, wenn er sich hätte beikommen lassen, den
Griechen seiner Zeit ihr eigenes Land nach Quellen zu beschreiben,
die Hunderte von Jahren alt waren. In Olympia ist er sicherlich
gewesen, das dürfte Schubart für jedermann nachgewiesen haben.
Dass er Athen gesehen habe, bezweifelt niemand, aber auch bei
einer grossen Zahl anderer Orte ist aus der Art, wie er sich
ausdrückt, unbedenklich auf Anwesenheit an Ort und Stelle zu
schliessen[12]; oder wird jemand Betrug und Schwindel dahinter
vermuten, wenn Pausanias beispielsweise sich folgendermassen
ausdrückt: „Ich weiss niemand, der die Grösse des amykläischen
Thrones durch Vermessung gefunden hätte, nach der Schätzung
aber müssen es sicherlich dreissig Ellen sein." III, 19, 2. „Ob
es Brauch ist, dass alle Daphnephoren dem Gott einen ehernen
Dreifuss stiften, kann ich nicht sagen, ich glaube aber, dass
nicht alle den Branch haben, denn ich sah nicht viele aufgestellt." IX, 10, 4. „Auf der Akropolis ist noch ein anderer hei-
liger Bezirk der Demeter und in diesem ein Tempel und eine
Bildsäule der Demeter und ihrer Tochter; die Bildsäule der
Artemis, denn auch ein Bild der Artemis von Erz ist da, schien
mir alt zu sein." II, 13, 6. „Auf dem Kotilion ist eine Quelle;
wenn ein gewisser geschrieben hat, dass von dieser der Fluss
Lymax entspringe, so hat er dies geschrieben, ohne es selbst
gesehen oder von jemand gehört zu haben, der es gesehen.
Beides ist bei mir der Fall. Ich habe gesehen, dass der Lymax
ein wirklicher Fluss ist, doch ist mir nicht eingefallen, mich zu
erkundigen" u. s. w. VIII, 41, 10. „In Haliartos sind Tempel,
doch stehen weder Bilder darin, noch ist ein Dach auf ihnen, ja
ich konnte nicht einmal erfahren, wem sie geweiht gewesen
waren." IX, 33, 3. „Ich konnte es nicht einrichten, zur Zeit
des Festes dort zu sein, und habe also das Bild nicht gesehen."
VIII, 41, 6. So viel scheint gewiss, wer in solchen Stellen

Pausanias der Lüge zeiht, darf nicht behaupten, derselbe sei ein Dutzendmensch ohne alle Originalität, vielmehr muss er sagen, Pausanias sei ein ganz durchtriebener Schwindler. Gewiss hat Pausanias auch ältere Periegesen zur Hand gehabt und ausgenützt, aber zu dem, was diese ihm boten, hat er die Resultate eigenen Sehens in grösserer Fülle gefügt, als seine Ankläger zugeben wollen.

Anmerkungen.

---

[1] S. 273: „Es ist kaum zu bezweifeln, dass er [Paus.] die Niobe am Berge Sipylos wirklich selbst gesehen. — — Gleichwohl würde man mit Unrecht auf jene Versicherung etwas geben." Ibd. „Möglich ist ja, dass er das Trophonische Orakel befragt und sich der schwierigen Procedur unterzogen hat, in den Schlund hinabzufahren auf die Gefahr hin, nie wieder zu lachen. — — Aber an seiner Beschreibung haftet zu dick der Staub seiner Bibliothek, als dass sie jene Voraussetzung stützen könnte. Das Trophonische Orakel muss man mitgemacht haben, das gehört sich nun einmal" u. s. w. S. 275, Anm. „Dass Pausanias an der Hand eines Buches Nachforschungen anstellte, könnte man versucht sein, aus folgender Äusserung zu schliessen VIII, 41, 10 (folgt die Stelle). Wenn es nur nicht wieder ein θαυμάσιον wäre, zu dessen Begutachtung wir uns Pausanias auf den Berg kletternd vorstellen sollen!"

[2] namentlich keine vom sprachlichen Ausdruck hergenommene; προσέχη (K. S. 90) steht bei Paus. auch IV, 3, 3. — Ebenso unrichtig ist, was K. S. 66 über συντατεῖ sagt; es ist dies eben ein allgemein übliches Wort für die Sache, wie das Lexikon nachweist, daher Pausanias an einer andern Stelle, wo es sich um die gleiche Sache handelt, es wiederum braucht: X, 1, 5 συμπαταιόμενοί τι ἐπὶ τῶν ὤμων καὶ ὑπὸ τὰς ἀσπίδας συννεύομεναι. — Beiläufig bemerke ich zu K. S. 78, dass ich V, 27, 3 schreibe: δῆλα δὲ καὶ ἄλλα ἐστὶν ἀνδρὸς μάγου σοφία γενέσθαι (καὶ τὰ) συμβάντατα τῷ ἵππῳ. Ähnlich schon Schubart I. Praef. XXIII; er hält sich aber selbst entgegen: „at ἐς νεμήν omnes habent codd. praeter Ag Lb" (freilich ἐστι μεν, was diese haben, kommt auf dasselbe hinaus). Daraus folgt aber nicht, dass der Fehler anderswo als in ἐς νεμήν stecke, und Schubart

[4] hätte sich nicht abhalten lassen sollen, hierin ἐστιν zu erkennen, um so weniger, als er X, 35, 10 ἐς νεμήν die Lesart aller Hdschr. in ἐστιν verwandeln will, s. II. Praef. XXVI.

[5] Pausanias erklärt zwar schon im ersten Buch, die bestimmte Absicht zu haben, seine Periegese auf ganz Griechenland auszudehnen, 26, 4. Allein es finden sich keine sichern Anhaltspunkte dafür, dass er schon damals Studienreisen in Griechenland gemacht hatte; ich sehe nämlich keinen Beweis in Stellen wie 13, 8 Ἀγγελος — φασίν. 18, 5. 27, 7. 39, 5. Als er die Attika schrieb, hatte er wohl noch nicht lange seine Heimat verlassen; denn es ist auffallend, wie häufig er Erinnerungen an dieselbe gerade im ersten Buche citiert: 4, 5. 11, 2. 21, 3. 7. 24, 8. 26, 5. 38, 7. u. a.

[6] Bekanntlich hat E. Curtius auf der Karlsruher Philologenversammlung sich gegen die Annahme erklärt, dass Pausanias in den Eliaca aus einer Beschreibung schöpfe. Dies ergebe sich daraus, dass er nur zehn Schatzhäuser erwähne, während uns zwölf in den Grundmauern erhalten seien, woraus hervorgehe, dass Pausanias nur denjenigen Zustand schildere, der kurz vor

selnem Besuch in Olympia eingetreten sei. Herodes Attikus habe nämlich zur
Zeit des Pausanias zwei von den zwölf bei dem Bau einer Wasserleitung
wegräumen lassen. Hiegegen bemerkt Treu, J. f. Ph. u. P., 1883, 631, und
Kalkmann schliesst sich ihm an: „Dass dieser Abbruch erst durch den Bau
der Exedra des Herodes Attikus veranlasst sei, ist lediglich Vermutung; er
kann ebensogut in eine viel frühere Zeit fallen." Unterrichtet hierüber sind
wir allerdings nicht; sicher aber ist, dass Curtius für seine Vermutung einen
Grund beibringt, Treu aber nur eine Behauptung aufstellt.

⁵ Nach Rud. Weil (Mitteilungen des deutsch. arch. Instit. in Athen. Jahrg.
VII, S. 211 ff.) hätten, als Pausanias schieb, Thuria und Pharai bereits wieder
zu Lakonien gehört. Diese Ansicht scheint mir durch IV, 1, 1 ausgeschlossen
zu sein, wo Pausanias sagt, zu seiner Zeit sei die Grenze der Messenier
gegen ihr eigenes durch den Kaiser ihnen entrissenes und den Lakedaimoniern
zugewiesenes Land Cholrios Nape gewesen; cf. auch IV, 30, 1.

⁶ Numismatic Commentary on Pausanias v. Imhoof-Gardner II, 97 ff.

⁷ Kalkmann behauptet N. 13: „Als λόγος bezeichnet Pausanias auch gerade
wie Herodot (VI, 19. VII, 152) öfter die einzelnen Bücher." Man solle vergleichen III, 11, 1. VIII, 14, 7. X, 32, 7. Hier beweisen erstlich die beiden
Herodotstellen nicht, was sie beweisen sollen, vielmehr bedeutet λόγος beide
Male das Ganze der Geschichtserzählung, nicht ein einzelnes Buch; ferner
aber sind auch die drei aus Pausanias citierten Fälle keineswegs geeignet
darzuthun, dass derselbe „öfter die einzelnen Bücher" mit λόγοι bezeichne.
X, 32, 7 kommt λόγος nicht vor (wahrscheinlich ist § 10 gemeint: τοῦ λόγου
τὰ ἔχοντα ἐς Ὀρβηλίους, wo aber λόγος die ganze Erzählung, nicht ein einzelnes
Buch bedeutet) und an den beiden andern Stellen findet sich beide Male ὁ λόγος
ὁ ἐς Σπαρτιάτας, das ist aber gerade so zu beurteilen, wie III, 5, 3 ὁ ἐς
Ἀγησίλαον λόγος, oder IV, 8, 3 τῷ λόγῳ τῷ ἐς Τισαμενὸν oder endlich III, 14, 2
ὁ Αἰγινᾶιος λόγος.

⁸ Wenn die Tochter des Phlegyas II, 26, 5 nicht genannt wird, wie Kalkmann S. 209 bemerkt, so ist doch klar, dass sie nach des Pausanias Meinung
Koronis hiess; wäre dies nicht der Fall, so würde er gegen die eben dahin
gehende Angabe des Orakels in § 7 opponieren. — (Beiläufig bemerke ich,
dass Schubart mit Unrecht § 5 τὸν παῖδα ἀνελέσθαι mit „umbringen" wieder-
giebt, das müsste ἀνελεῖν heissen, wie I, 10, 4. 21, 8. 28, 6. II, 1, 4. 8, 8. 9, 1.
28, 6. III, 18, 8. IV, 83, 9 u. s. w. Also ist die Stelle zu verstehen wie VIII,
25, 11 [ἐν γὰρ τῇ Θελπούσῃ τὸ Ἀσκληπιῷ παιδὶ ἐπιφημεῖ φασὶν ἐπιτυχόντα Αὐτόλαον
Ἀρσινόης υἱὸν νόθον ἀναθέσθαι τὸ παιδίον], wo Siebelis irrt, wenn er sagt ἀναθέσθαι bedeute dicare, denn in diesem Sinne wird das Activum gebraucht;
freilich muss der Ausdruck ἀναθέσθαι für einen, der ein neugeborenes Kind
aufhebt, unpassend erscheinen, während er ganz am Platze ist Ael. V. H.
3, 22 τὸν νοτίσχον ... ἀναθέμενος τοῖς ὤμοις ἔφερεν, man wird darum gut thun,
mit Cuhn ἀνελέσθαι zu schreiben.)

⁹ Die Stelle III, 25, 5 scheint Kalkmann unrichtig zu verstehen, wenn
er S. 220 behauptet: „die letzten Worte bei Pausanias (οὐδέν τι μᾶλλον) sind
durch die Darstellung des Hekataios veranlasst." Vielmehr sind sie dies durch
die Erwähnung der spätern, welche den Kerberos als Hund mit drei Köpfen

bildeten. Vgl. meine Besprechung der Stelle im Progr. d. Gymn. zu Heidelberg, 1873, S. 23 fg.

10 Ich will hier einige andere Lücken, die ich konstatiert zu haben glaube, kurz besprechen: I, 4, 5 — ἐς ταύτην Γαλάτας ἐλαύνουσιν ἀπὸ θαλάσσης. „Nondum restitutus est locus“, sagt Schubart; dies gilt auch in Beziehung auf die seither aufgetauchten Verbesserungsvorschläge (Heidelberger Progr. 1873 ἐς τὰ ἄνω Γαλάτας κτλ; Jacoby philol. Anz. 1874, S. 843 ἐς αὐτήν; Storch ibid. S. 441 ἐς ψυχήν); ich glaube, vor ἐς ταύτην ist ἐσβαλόντας ausgefallen. — 10, 1. In den Worten αὐτρῶσιν ἐπιστάμενος ὃν ἐπιχειρῶν προσαναγκάζεσθαί τι ἐθέλων ist infolge der Buchstabenähnlichkeit ἀεὶ vor τι ausgefallen; Amas. übersetzt paternum ei esse de promovendo imperio semper cogitare, cf. II, 20, 1. IV, 5, 3. 25, 2. IX, 37, 5. Demosth. IV, 9 οὐχ οἶός ἐστιν ἔχων ἃ κατέστραπται μένειν ἐπὶ τούτων, ἀλλ' ἀεί τι προσπεριβάλλεται. — 21, 6. Die Sauromaten reinigen und spalten Pferdehufe und ποιοῦσιν ἀπ' αὐτῶν ἐφεψῆ ὀμώντων φολίδων; ausgefallen ist ein Substantivum wie κέταλα oder λίσα. — 36, 6. Dass die Stelle ὁ δὲ Ἄτλας ὑψηλὸν μέν ἐστιν gesund sei, hat Siebelis mit der Verweisung auf II, 13, 6 τὸ ἄστρον ἣν ὀνομάζουσιν αἶγα natürlich nicht dargethan. In Beziehung auf den Numerus erlaubt sich Pausanias allerdings eine Freiheit, die lieber gezogen werden mag, s. III, 19, 6 Ἀγυιαῖοι ἀνώτατος γινομένη, VII, 10, 4 Ἀθῆναι ἐλευθέραι, VIII, 33, 2 Μυκῆναι ἐγκαωμένη; die Vorstellung, dass eben doch nur ein Ding gemeint sei, bewirkt den Singularis; in jener Stelle aber wäre anzunehmen, der Begriff ὄρος schwebe vor und darum sei das Neutrum gesetzt; es wäre dies aber das einzige Beispiel solcher Freiheit; daher ist es geraten, den Ausfall von ὄρος anzunehmen. Ebenso ist 44, 6 ὀδὸν ausgefallen nach τόδε und in VIII, 35, 1 zu schreiben αὕτη μὲν (ἡ ὁδὸς) κτλ. I, 42, 1. Ἔστι δὲ καὶ ἄλλη Μεγαρεῦσιν ἀκρόπολις ἀπὸ Ἀλκάθου τὸ ὄνομα ἔχουσα ἐς αὐτήν γὰρ τὴν ἀκρόπολιν ἀνιοῦσί ἐστιν ἐν δεξιᾷ Μεγαρέως μνῆμα. Dass diese Stelle nicht richtig überliefert sei, hat zuerst Coraes gesehen, der ἐς ταύτην γὰρ τὴν ἄκρ. vermutete. Allein γὰρ zeigt, dass damit nicht geholfen ist. (Preller (ind. schol. Dorp. 1846) schreibt ἐς αὐτήν μὲν, was ebenfalls zurückgewiesen werden muss, denn der zu αὐτήν τὴν ἀκρόπολιν nunmehr notwendig werdende Gegensatz ist nirgends zu finden; auch weckt ἄρα Bedenken, da es bei Pausanias sich nur findet 1) nach δέ cf. I, 2, 3. 15, 2. 27, 9. 29, 7. 30, 1. II, 9, 5. 11, 1. 14, 4. III, 5, 6. 9, 4. 16, 8. 20, 4. IV, 4, 6. 18, 5. 20, 2. 26, 3. 29, 8. 32, 6. 34, 6. 36, 3. V, 8, 3. 10, 6. 14, 3 u. s. w., oder 2) in einer Apodosis, wie II, 18, 2. V, 20, 6, deren Protasis auch die Form eines Particips haben kann wie IV, 6, 6, oder endlich 3) nach εἰ wie II, 16, 6. 24, 7. 35, 11. Zwei Stellen allerdings giebt es bei Pausanias, die dem eben festgestellten Sprachgebrauch widersprechen: IX, 29, 2 ist ἄρα aber selbst verdächtig und 35, 4 steht in La die richtige Lesart ἄλλας). Da also weder αὐτήν noch γὰρ in der überlieferten Lesart zu erklären sind, ist ohne Zweifel nach ἔχουσα eine Lücke anzunehmen. — Dass III, 14, 4 der Name Διανάφης vor ἡ τοῦ Ἀναξανδρίδου γυνή ausgefallen ist, dürfte nicht nur an sich, und weil Amas. übersetzt Anaxandri uxorem Leandridem, wahrscheinlich sein, sondern wird zur Gewissheit erhoben durch das folgende ἐποίει δὲ τὸν ἡ Διανάφης, denn wenn sie im Vorhergehenden nicht schon genannt wäre, könnte Pausanias den Namen hier nicht ohne nähere Bezeichnung gebrauchen. So ist VI, 20, 2 παρθένος; nach ἱερασομένην αἱροῦνται, wie wiederum das folgende zeigt, und

wahrscheinlich X, 13, 8 *Σιβνλλων* zwischen *ταιτς* und *χρησμούς* ausgefallen. — Eine grössere Lücke ist II, 27, 4 zwischen *φησλ* und *Ιλιοι* anzunehmen. Über die Lücke V, 16, 1 s. jetzt Arch. Z. 1877, S. 94. Vermutlich ist zu schreiben: *μίαος δί ίλα τοῖ· ποῦ πόδες τρεῖς καὶ ἑξήκοντα (καὶ ἑκατόν, τὸ δὲ εὖρος ** τὸ δὲ ὕψος ποδῶν Ἱξήκοντα) οἱς ἀνοδεῖ*, des Schreibers Auge irrte also vom ersten *ἱξήκοντα* zum zweiten ab, cf. 10, 3. — Da VI, 21, 1 *(χυτὴν γὰρ εἰς γῆν ἐνταῦθα τὸ ὕγμα τοῦ Ἀιδου καὶ αὐθις ῥέουσι) τὸ ὕγμα* nicht von *χυτὴν* abhängen kann, so muss ein Verbum ausgefallen sein; vielleicht *ὑποδεξαμένης*, cf. II, 23, 2 *χύομα τῆς Ἀμφιάρεω καὶ τὸ ὕγμα ὑποδεξάμενον ἐφάνωσεν* und VIII, 21, 9. — Falsch ist dagegen die Vermutung von Schubart, dass VII, 18, 4 nach *αἰσθύνων* eine Lücke sei; die Worte *τῆς Μεσάτιως τὸ ὄνομα* nämlich, welche Schubart nicht zu verstehen erklärt, bedeuten: Ruhm von Mesatis, nicht Namen, wie er übersetzt, cf. II, 6, 1 *Ἀντιόπης ἐν Ἕλλησι τῆς Νυκτέως ὄνομα ἦν ἐπὶ κάλλει* — IX, 2, 5 ist nach *βωμός* eine Lücke, die durch Aufnahme der Konjektur *τούτους* durchaus ungenügend verkleistert wird. — 20, 1 dürfte die Lesart *ἐν δὲ τῷ*, welche sich in Ag Pc Lb findet, ein Fingerzeig sein, dass der in Delion denn doch notwendige Apollon nur durch ein Versehen der Abschreiber ausgefallen ist; man hat wohl zu schreiben *ἐν δὲ τῷ ναῷ [a. ἱερῷ] Ἀπόλλωνός τε καὶ Ἀρτέμ. κτλ.* — IX, 30, 2 wo die H. haben *ποιητὰς δὲ ἢ καὶ ἄλλως ἐπιφανεῖς ἐπὶ μουσικῇ τοσων εἰκόνας ἀνέθεσαν. Θάμυριν μὲν κτλ.* schreibe ich Amasao duce, der übersetzt: videas: *ἐπὶ μουσικῇ ἰδέας ὧν ὅσων*. Madv. Adv. crit. 707 will *ἐγὼ* oder *ᾖσιν* einschieben, Formen, die im Pausanias nie vorkommen; *ἰδέας ὧν* auch II, 27, 3. 32, 6. X, 11, 1 und sonst.

[11] Einige Versuche Kalkmanns, solche nachzuweisen, sind im Texte besprochen. Die Ansicht von Wilamowitz (Kydath. S. 208, Anm. 14), welche Kalkmann aufnimmt, dass Pausanias die solonischen Holztafeln im Prytaneion nicht selbst gesehen habe, hat Schubart (J. f. Ph. u. P., 1882, S. 42) zurückgewiesen.

[12] Ich notiere obenhin: Aigeira VII, 26, 8. Aigina II, 30, 4. Aigion VII, 23, 7. Amyklai III, 18, 9. Argos (Heraion) II, 17, 5. Aroanios VIII, 21, 2. Athen I, 23, 7. 24, 7. IX, 32, 8. X, 25, 10. Delphi X, 13, 4. 26, 6. Elis VI, 23, 6. 24, 9. 20, 2. Epidauros V, 11, 11. Haliartos IX, 33, 8. Helikon IX, 31, 4. Hermione II, 35, 8. Korone IV, 34, 6. Korykische Grotte X, 32, 2. Kotilion (Quelle) VIII, 41, 10. Larisa IX, 30, 9. Las III, 24, 7. Lebadea IV, 16, 7. IX, 37, 5. 39, 14. Lerna II, 37, 5. Mantinea VIII, 9, 3. Megalopolis VIII, 32, 3. Megara I, 41, 2. 43, 6. Messene IV, 32, 8. Olympia V, 10, 7. 20, 5. 6. 26, 2. 27, 12. VI, 18, 2. 19, 3. Orchomenos IX, 38,5. Panopeus X, 4, 2. Patrai VII, 18, 13. Pharai in Ach. VII, 22, 5. Phigalia VIII, 41, 6. 42, 11. Phlius II, 13, 5. Plataia IX, 3, 8. Sepia VIII, 16, 8. Tanagra IX, 20, 4 cl. 21, 1. Tegea VIII, 58, 10. Teuthis VIII, 28, 6. Theben IV, 32, 5. IX, 10, 2. 4. 25, 3. Therapne III, 20, 1. Thermopylai IV, 35, 0. Thespiai IX, 27, 5.

Die vorliegende Arbeit wurde vertragsgemäss am 2. Juni der Druckerei abgeliefert, am 16. Juni kam mir das Ende Mai in Göttingen ausgegebene Heft N. 2 des 17. Bandes des Philol. Anzeigers zu Gesicht, in dem Konrad Seeliger das Kalkmannsche Buch bespricht; derselbe trifft in vielen Punkten mit mir zusammen, und ich hätte, wenn die Arbeit Seeligers früher erschienen wäre, wohl manches ungesagt gelassen oder kürzer behandelt; so war es zu spät und ich spreche darum mit Xenophon: ὅσοις συντύχωμεν ταῦτα γράφοντες ἐκείνῳ οὐκ ἐξολίγωμεν ἐν τᾶς ἡμετέρᾳ, ἀλλὰ πολὺ ἴδιον παραδώσομεν αὐτὰ τοῖς φίλοις νομίζοντες ἀξιοπιστότεροι εἶναι.

Besprochene Stellen.

I.	4, 5	Seite 21	V,	12, 3	Seite 61	VIII,	18, 1	Seite 88
	10, 1	„ „		15, 1	„ 72		21, 2	„ 91
	21, 0	„ „		15, 5	„ 70		25, 11	„ 85. 23
	38, 6	„ „		15, 8	„ „		20, 2	„ 80
	42, 1	„ „		16, 1	„ 25		35, 1	„ 94
	44, 0	„ „		20, 8	„ 61	IX,	8, 5	„ 95
II,	8, 4	„ 85		20, 10	„ 70		20, 1	„ „
	26, 3	„ 03		22, 1	„ 71		22, 0	„ 87
	30, 5	„ „		27, 3	„ 92		26, 5	„ 82
	27, 4	„ 95		32, 2	„ 73		27, 2	„ 83
	38, 2	„ 78	VI,	20, 2	„ 91		30, 2	„ 95
III,	14, 4	„ 94		21, 1	„ 25		35.	„ 84
	20, 6	„ 62		26, 3	„ 63		85, 4	„ 94
	25, 5	„ 03	VII,	18, 4	„ 95	X,	12, 8	„ 95
IV,	30, 4	„ 86		20, 0	„ 68			
	35, 0	„ 61		23, 5	„ 77